博瑞森图书
BRACE

企业阅读 本土实践

食用油营销第1书

纵览小包装食用油行业全貌

营销有绝招

余盛◎著

中华工商联合出版社

图书在版编目（CIP）数据

食用油营销第1书/余盛 著.—北京：中华工商联合出版社，2013.5
ISBN 978-7-5158-0445-3
Ⅰ.①食… Ⅱ.①余… Ⅲ.①食用油－市场营销学 Ⅳ.①F762.2

中国版本图书馆CIP数据核字（2013）第018156号

食用油营销第1书

作　　者：余　盛
责任编辑：于建廷　关山美
责任审读：郭敬梅
封面设计：久品轩设计
责任印制：迈致红
出版发行：中华工商联合出版社有限责任公司
印　　刷：三河市文阁印刷厂
版　　次：2013年5月第1版
印　　次：2013年5月第1次印刷
开　　本：787×1092毫米　1/16
字　　数：270千字
印　　张：13.75
书　　号：ISBN 978-7-5158-0445-3
定　　价：66.00元

服务热线：010－58301130
团购热线：010－58302813
地址邮编：北京市西城区西环广场A座
19－20层，100044
http：//www.chgslcbs.cn
E-mail：cicap1202@sina.com（营销中心）
E-mail：gslzbs@sina.com（总编室）

博瑞森图书：企业视角　本土实践

亲爱的读者朋友：

也许您是博瑞森图书的老读者，也许是新朋友，欢迎您阅读博瑞森图书！

当今中国，各行各业都存在着转型升级的压力与机遇。博瑞森图书与您一同应对转型挑战并发现其带来的机遇。

我们一直在问：什么样的书能为您解决管理难题并带来启发？

我们一直在找：哪些作品最能帮助企业从跟随到领先？

我们一直在做：把最好的作品以最便捷的方式呈现给您，纸质版、电子版、听读版、书摘短信……

我们策划图书的原则是：

- 企业视角——与您一样，做水中的游泳者，而非岸上的观众或教练，企业的困惑就是我们的任务；
- 本土实践——与您一样，立足本土环境，追求卓越实践，传播最适合当下中国企业的管理之道。

我们希望您：把您阅读各类经营管理类图书中的遗憾或收获，告诉我们（13611149991），我们将认真聆听。

如果有一天，您把博瑞森图书视为您优秀的事业伙伴、管理助手，我们也就实现了自己的梦想。

博瑞森图书

010－51900529

bookgood@126.com

推 荐 序

我和余盛先生曾经共事五六年，开始各在一间大办公室的一边，后来又在同一个品牌组共事，一起谋划了不少营销“事件”。他给我的印象是对工作兢兢业业、一丝不苟。我知道余盛先生是一个心思缜密、善于思考的人，他对消费者的关注和洞察、对品牌的直觉和独到见解、对行业的深邃分析以及对竞品的敏锐观察，总会让我眼前一亮。

一日，余盛先生跟我说：“我写了一点东西，想让你看看，给我提点意见。”看了之后，我又对余盛先生在百忙之中能够完成这本营销专著而佩服有加。

小包装食用油从无到有、从小到大，在中国的发展也就二十多年，今天已经成了普通百姓天天要接触的生活必需品。想想二十多年前(甚至现在还有)，人们习惯于拿着油渍渍的瓶子到附近的粮站或油坊打几斤黑乎乎的香油；今天，多数人都能在超市选择购买到品种繁多、晶莹透亮、健康卫生的小包装食用油产品。尽管这种改变是巨大的，但又似乎是在不经意间就水到渠成的。

发生巨大改变的原因是什么呢?

我觉得，最主要的原因是有那么一些企业、那么一群人，长年累月、孜孜不倦地通过创建品牌、研发新产品、不断地营销推广，与消费者保持沟通。通过不断地沟通，让品牌这个看似虚幻的东西占据了人们的意识，改变了人们的购买习惯、消费习惯乃至生活习惯，推动了整个行业的进步和变革。品牌不仅改变了生活，也改变了包括你我在内的每一个人!

如果说过去小包装食用油行业的快速发展受益于行业的不断成熟与国民经济的高速发展，那么，将来这个行业又将走向何方呢？任何预测都可能在后来的事实面前成为笑柄。既然如此，在谈未来发展的时候反而觉得坦然了。

毋庸置疑，这个行业的整体发展速度会逐渐下降。不过，随着农村等经济不发达地区的发展，行业整体发展势头还将在很长时间内不变。此外，人们对小包装食用油的消费习惯也会发生变化。以前简单的健康、风味的“二分法”过时了，人们在偏好口味的同时也更加关注健康，风味需求会在健康需求的压力下逐渐淡化。这一趋势的发展速度将取决于人们生活观念的转变程度，中国的美食文化需要一个新的诠释。

从竞争的角度讲，行业的未来还将经历多种经济力量之间的互动、多个产品品类势力范围的重新划分、品牌受众群体重新整合的过程。现在依靠单一品类打市场的品牌或将走向品类多元化，现在多元化经营的品牌也将更重视对单个品类的投入和切分。未来的竞争仍将取决于资本的对决、策略的导向以及营销创新能力，从本质要素来讲，最终将取决于消费者对品牌的信任与偏爱。

本书是小包装食用油行业的第一本营销实战专著，也是业内人士了解行业的钥匙，更是近年来业内重要营销实践的一个缩影和集锦。与市面上许多夸夸其谈、空洞无物的营销著作不同，本书的最大特点是实用，从小包装食用油行业概述到产品的基本知识都有涉及。

从我的角度来看，作者对近年来食用油品类、知名品牌以及这些品牌的营销手法的分析尤其值得一读，从一般的营销基本执行动作到品牌整体策划运作思路都有讲解，甚至涉及食用油分销渠道及经销商的具体业务。本书概述了国内大多数主要小包装食用油知名品牌和重点产品的营销手法及经典案例，对于同行业营销工作的从业者来说是很不错的实战专著。

话就不多说了，相信读者都能从本书中受益。最后衷心希望本书能引起行业的关注，并期待能够读到余盛先生对食用油行业更多、更新、更加睿智的见解！

中储粮油脂营销有限公司华南分公司总经理　乔明
2012 年 11 月 20 日

前 言

2002年10月，因缘际会，我进入了食用油行业，在一家小包装食用油营销公司工作，至本书杀青的2012年9月，正好10年。在这10年里，我见过不少小包装食用油品牌热热闹闹地上市，又悄无声息地退市。食用油行业经历了诸多风雨，如大豆价格风波、拯救东北大豆的呼吁、转基因安全之辩、浸出与压榨工艺之争、地沟油事件……同时，食用油行业也在风雨中逐渐发展成熟，从10年前的500亿元的小产业成长为如今4000多亿元的大产业。

我还记得，当年刚进公司参加新员工培训时，今天的营销公司总经理、当年的市场部经理给我们讲课时，充满激情地说："小包装食用油行业是一个朝阳产业，年增长率超过30%。"10年过去了，小包装食用油行业已经演变成了以10%左右的速度稳定增长的成熟行业。虽然增长速度放缓，但每年的增量相当可观。

2006年，为了取得中南财经政法大学的经济学硕士学位，我撰写了题为《我国食用油行业投资效益与前景研究》的论文，对食用油行业的整体格局进行了深入的研究。在负责小包装食用油品牌管理的工作过程中，我先后为行业多个知名品牌服务过，涉及调和油、大豆油、菜籽油和花生油等诸多油种，先后参与或策划了多个小包装食用油产品的全国大型推广活动，走访了全国各地的市场，从中获得了丰富的市场营销经验。在此过程中，我也在个人博客中写下了大量的营销文章，其中数篇被全国中文核心期刊、中国粮油学会油脂专业分会会刊《粮油加工》杂志选用。在上述经历及已有文章的基础上，我经过数月的努力，搜集了大量最新的行业资料和数据，经过修改或补充后，终于完成了本书的撰写工作。

一般的营销书籍主要讨论市场或销售方面的问题。与它们不同，本书还深入探讨了以小包装食用油为重点的食用油行业的特点及变化，论述了适合小包装食用油行业的诸多营销方法，并分析了小包装食用油主要油种的发展状况及营销特点。

小包装食用油行业是一个以原料成本为主导的行业，它的价格随着原料行情的波动而变化，一年可达数次之多。在我看来，不了解食用油行业的基本特征和发展趋势，就无法做好小包装食用油行业的营销工作。食用油行业受国家政策的影响很大，在发达国家，食用油只是普通的日常食物之一。但是在中国，食用油仍然属于满足人们基本的生活需要、关系到国计民生的重要战略食品。不了解、不研究国家政策的走向及其影响，就不可能把握行业发展的方向。

作为一个产品同质化程度很高、关系消费者切身利益的传统产业，如果不在研发和技术上对食用油的营养特点和结构功能进行深入的研究，就不可能打造出成功的小包装食用油品牌。希望小包装食用油行业的营销人员、食用油行业的投资者、从事油脂生产的厂家、销售小包装食用油的经销商、食用油相关学术的研究者以及所有对食用油行业经营管理工作感兴趣的人们，在阅读本书的过程中，能够得到有益的启发。

最后，需要声明的是本书中的观点仅属于作者本人的一家之见。对行业的研究主要依赖于中国粮油学会在报刊上公布的统计数据及网络公开的数据，以及作者本人的分析和判断。书中所涉及的案例，主要以作者本人对市场的观察为基础，结合报刊、网络等公开新闻报道整理而成。受信息来源及个人经验局限，如有差错在所难免。文中值得商榷之处，欢迎业内人士交流。

本人的博客地址：http：//eyu2007. blogbus. com/，最新观点会即时在博客上更新。

余盛

2012 年 11 月 29 日

目录
Contents

第 4 章　小包装食用油的主要营销手法

第 5 章　各油种市场的发展方向与营销方法

第1章

Chapter 1

食用油行业概况

一、食用油进口依赖度的变化

食用油由油籽加工而成（本书所探讨的内容属于植物性油脂范畴，不包括动物性油脂）。油籽是脂肪及蛋白质丰富的农产品，油籽经压榨后加工为食用油和油粕。食用油用于烹饪及生产食品，含有丰富蛋白质的油粕可以加工成动物饲料，两者亦可加工成其他可作多种工业用途的化学衍生产品。

从世界范围来看，2011 年，全球生产了 1.46 亿吨的食用油，产量最高的是棕榈油、豆油和菜籽油，分别为 4791 万吨、4196 万吨和 2265 万吨，占全球食用油总产量的 77%。同时，这三个油种的产量增长速度也是最快的。世界三大油种产地情况：

●种植油棕的印度尼西亚和马来西亚；

●种植大豆的美国、巴西、阿根廷和加拿大；

●种植油菜籽的加拿大。

以上这些国家还有很大的增长潜力。这些国家要么是地广人稀、有大片荒原可以开拓，要么是通过焚烧热带雨林获得农业用地。所以，在可预见的未来，三大油种的地位只会越来越高。

2011 年，中国供给食用植物油 2765 万吨。我国油料作物产地大致是这样的：

●东北、华北生产大豆，其中黑龙江省占全国大豆产量的一半；

●以湖北、湖南、四川、贵州等地为中心的华南产区种植油菜籽；

●山东、河南、河北等黄河流域地区产花生；

●内蒙古和新疆产葵花籽，新疆还产红花籽；

●湖南、江西等南方省市产油茶籽。

大豆油是中国食用油供应量最大的油种，占全部供应量的 40%。菜籽油和棕榈油排在第二、第三位，均占全部供应量的 20%。这三个油种也是进口油脂及油料最多的油种。

中国 2011 年靠进口供给约 1752 万吨食用油，进口依赖度高达 60%

以上。2010年，中国的大豆进口量占全世界大豆进口总量的59%、占全世界大豆总产量的22%；中国的棕榈油进口量占全世界棕榈油进口总量的15.5%、全世界棕榈油总产量的12%。如表1-1所示。

表1-1　2011年中国食用油供给结构①　（单位：万吨）

油种	豆油	菜籽油	棕榈油	花生油	棉籽油	玉米油	葵花籽油	山茶油	橄榄油	其他	合计
供应量	1137	584	571	183	124	100	51	29	3.3	83	2865.3
百分比	39.7%	20.4%	19.9%	6.4%	4.3%	3.5%	1.8%	1.0%	0.1%	2.9%	100%
进口供给	1062	102	571	6.8	0	0	7.2	0	3.3	0	1752
进口依赖	93.4%	17.5%	100.0%	3.7%	0.0%	0.0%	14.1%	0.0%	100.0%	0.0%	61.1%

过去10年，中国的食用油进口依赖度不断提高。

最低为2001年，进口油料折油与进口油脂合计为482万吨，占全国食用油总供给量1413万吨的34%。

最高为2009年，进口油料折油与进口油脂合计为1838万吨，占全国食用油总供给量2680万吨的比例高达69%。

近几年，在国家政策的支持下，食用油进口依赖度有所回落。从各油种的全球发展前景来看，豆油、棕榈油和菜籽油仍有较大的发展潜力。花生油、葵花籽油、橄榄油的进口量只多不少，中国国产的所有主力油种的增产潜力有限。在可预见的未来，中国将保持较高的食用油进口依赖水平。20世纪90年代，美国经济学家布朗就发出过这样的疑问："21世纪谁来养活中国?"布朗的疑问在食用油行业得到部分证实。如何确保食用油供应安全，是一个让中国人担忧的问题。

菜籽油的进口依赖程度较低。国内不产棕榈油，棕榈油的进口不对中国农业形成直接冲击。这里主要谈一下进口大豆对国产大豆的冲击。

大豆曾经是我国在国际市场上最具竞争力的农产品。中国曾经是全球大豆生产和出口大国。20世纪末，我国大豆连续减产、国内供给不

① 如无特别说明，本书的行业统计数据均来自中国粮油学会油脂分会的报刊公开数据，零售价格信息来自本人走访市场过程中搜集的资料，其他数据采集于上市公司年报、企业网站或网络新闻的公开数据。

足、需求却很旺盛，大豆价格居高不下。国家为了弥补国产大豆的不足，于1996年调整了大豆贸易政策，对大豆进口实行配额管理。普通关税税率为180%，优惠税率为40%，配额内税率是3%。但是，国内一些合资企业拥有独立进出口专营权，一直执行3%的税率。1996年中国首次成为大豆净进口国，进口数量连年飞速增长，2000年中国大豆进口量首次突破1000万吨，也是这一年，中国一跃成为世界上最大的大豆进口国。

为了保护国产大豆市场，2001年5月23日，国务院首次发布《农业转基因生物安全管理条例》，随后，2002年3月20日又发布了三个配套规章。这四个文件对转基因产品的进口、国内销售等众多环节做出了严格限制。受此影响，2002年我国大豆进口量仅为1131万吨，较2001年的1394万吨剧减了19%。自从中国加入世界贸易组织（WTO）后，中国对美国的贸易顺差激增。

在这种情况下，中国政府以转基因为由设置非关税壁垒，遭到美国等发达国家的强烈抗议。2004年4月21日，中国农业部对进口农业转基因生物产品实施正常管理。从此，美国、巴西和阿根廷等大豆主产区国家的转基因大豆产品获得了永久性出口中国的保证。进口大豆数量连年猛增，中国大豆开始进入低靡时期。

2006年春天，黑龙江大豆种植面积减少25%，收购价格为2200元/吨，同比下降了24%，跌破了每斤1.25元的种植成本。黑龙江有1800万的农业人口，从事大豆种植业的农业人口占了1000万。虽然有不少土地可以改种玉米或者水稻，但仍然有不少农民的生计受到严重影响。

以东北为主的国产大豆竞争劣势：中国大豆农场面积小，最多只有几百亩，无法与美洲大豆农场动辄几千亩的种植面积相比。农场面积小就不能产生规模效益，良种推广、机械作业、产品收购等方面都处于劣势。中国对大豆的研究投入严重不足，大豆技术推广不力，国产大豆的出油率至少要比进口大豆低2个百分点。国产大豆一年一熟，压榨企业只能在大豆收获季节采购，占用的收购资金较多。进口大豆则是北美和南美轮流收获，仓储物流设施完善，可以做到全年供货，采购资金压力小。美国对大豆种植业给予大量的财政补贴，中国受WTO限制无法对豆农提供补贴。东北大豆运输到山海关内，运输成本要高于美洲大豆运到中国的海洋运费。

日本和韩国原本是中国非转基因大豆的传统出口国，但近年来，日本、韩国却舍近求远，宁愿选择在芝加哥期货交易所定购非转基因大豆。这主要是因为中国大豆业存在以下不足之处：流通复杂、产地来源不明、难以建立追踪体系保证食品安全、品质下降、杂质较多，中国大豆无法进行合同栽培、提前定价，采购风险较高。

要解决国产大豆减产问题，短期来看，需要政府加大补贴力度，或推动国产大豆出口，包括利用地缘优势开拓俄罗斯市场。长期来看，需要依靠改善品种、增加肥料等方法提高大豆单产。或加大科研投入以提高蛋白质含量、增加大豆附加值，走供食品消费的加工贸易之路。或改变农业政策，一方面鼓励农民将小户农业整合成大规模农场，以提高农业生产效率；另一方面在农民教育、就业和迁徙等方面给予支持，以帮助多余的农业人口向城市转移。

近年来，黑龙江大豆年产量维持在600万吨左右，其中约一半交给国家临时储备，剩下部分的2/3运往省外用于食品加工，最后约有100万吨供给省内榨油企业。相对于省内1740万吨的加工能力来说，100多万吨大豆杯水车薪。

二、中国食用油消费结构

2011年，中国的植物油总供给量在2765万吨左右。扣除200多万吨的工业及其他用油（如生产方便面的食品工业等），中国居民直接食用的植物油在2480万吨左右。2011年中国植物油人均消费量为18.4千克左右，由于生活水平不同，中国各省市的植物油人均消费量有差异，估计一线城市为25~27千克/人，经济发达省份为18~20千克/人，经济落后省份为12千克/人。

中国人吃的食用油按包装可分为家庭散油、餐饮散油（含中包装）

和小包装食用油（包括家庭小包装食用油和餐饮小包装食用油）。家庭散油消费量逐渐减少，小包装食用油和餐饮散油消费量逐渐增加。

（1）农村：以家庭散油消费为主，有少量小包装食用油，餐饮散油完全没有。

（2）乡镇：以家庭散油消费为主，有一些小包装食用油和餐饮散油。

（3）地县级城市：家庭散油和小包装食用油的消费量较接近，各占40%左右，餐饮散油占20%～25%左右。

（4）省会城市：家庭散油消费比例较低，以小包装食用油消费为主，餐饮用油占30%左右。

（5）一线城市：只有郊区才可能有少量家庭散油消费；由于流动人口增加及上班族工作压力越来越大，餐饮用油上升到50%左右；小包装食用油消费比例与省会城市相比反而有所下降。

总的来说，笔者据经验判断，2011年，在中国人目前的食用油消费结构里，家庭散油约占45%，为1060万吨；小包装食用油约占26%，为610万吨；餐饮用油约占29%，为680万吨。如图1－1所示。

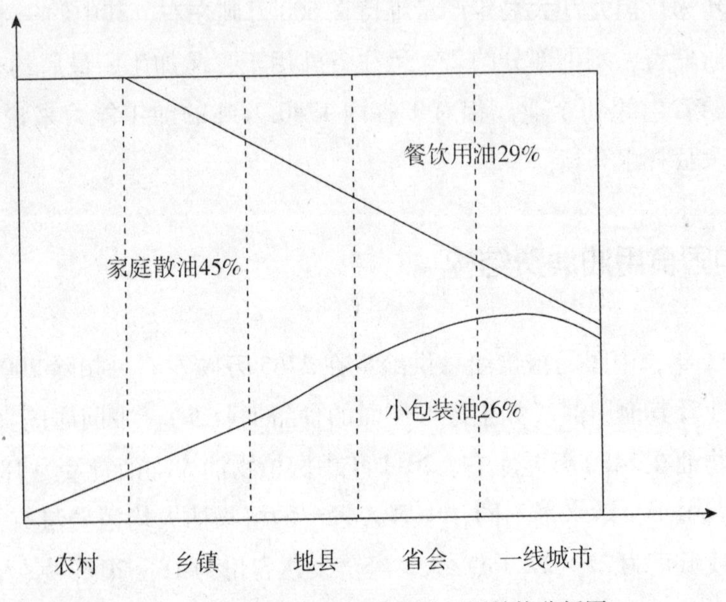

图1－1　2011年中国人食用油习惯结构分析图

20世纪90年代以前，中国的食用油市场还是散油一统天下的局面，只有广东部分地区销售一些香港品牌的小包装食用油。自从1991年益海嘉里①推出金龙鱼品牌的小包装食用油后，小包装食用油市场以每年30%～40%的速度飞速发展。2010年，中国食用油市场的年产值为4352亿元，小包装食用油产值为1000亿元左右。

和小包装食用油相比，散油的优势：一是价格低廉、二是风味较重；劣势：卫生条件很难得到保证。近年来，随着消费者收入水平和城市化水平的提高，散油的市场份额逐渐缩减。自从实施“食品质量安全市场准入制度”② 以后，其实已经不允许销售散油了，各大城市相继出台了禁止散油出售的政策。散油不仅难以保证质量，而且容易在销售过程中被掺假，无法获得“QS”标志的质量安全认证。所以，食用油市场的未来必将是包装油（包括家庭小包装食用油和餐饮中包装油）占主导地位。

三、小包装食用油行业步入成熟期

食用油市场规模＝人口数量×人均食油量

人口越多，吃的油自然也越多。随着经济发展水平的提高（以GDP或城市居民人均收入来衡量），人均食用油消费量也会增加。具体到小包装食用油则和城镇人口比例有关，城镇人口越多，吃小包装食用油的人也就越多。虽然人口、GDP和城市化这三个指标的总量都在增长，但是，除了GDP有望不断提高外，人口和城市化的增速都在逐年放缓。

2001年，中国人口同比增长887万。到2008年，同比增长为673

---

① 益海嘉里粮油集团是负责营销业务的公司，在2002年为嘉里粮油商务拓展（深圳）有限公司（简称“嘉里粮油”），后几经更迭，目前为益海嘉里食品营销有限公司（简称“益海嘉里”）。为行文方便，本文中的“嘉里粮油”一律改称“益海嘉里”。

② 2003年7月18日，国家质检总局发布了《食品生产加工企业质量安全监督管理办法》，首先对米、面、油、酱油、醋等5类食品实施了食品质量安全市场准入制度。自2004年1月1日起，只有贴（印）“QS”标志的这5类食品才能在市场上销售。

万。2010年同比增长仅为498万。这一期间的人口增长率平均以每年万分之三的速度在下降。假设以后每年的人口减速不变，那么中国的人口将在2024年达到峰值，距今还有15年的时间。可是，如果按照《大国空巢》作者人口学家易富贤先生的观点，中国人口很可能将在2016年提前迎来峰值。

2001年，中国有2153万的农民进城，2008年，只有1375万人进城，这期间的城镇人口比例的增长速度平均以每年1.1%的比率放缓。可是，2010年人口普查数据显示当年中国城镇人口比例为49.68%，这表明要么是以前年度低估了中国城镇人口数量，要么是从2009年加速了城镇化进程。可是，2010年人口普查数据显示当年中国城镇人口比例为49.68%，与上年相比增长了3个百分点。2011年，中国大陆城镇人口为6.9亿，比上年末增加了2100万人；城镇人口占总人口的比重为51.27%，比上年末提高了1.32个百分点。

不论狭义的城市化进程是否结束，一个明显的趋势是大型城市越来越具有吸引力，人口也正在源源不断地涌入那些大城市；相比之下，较小型城市人口增长将会逆转。[①] 这也预示着，沿海区域的小包装食用油市场将会保持快速的增长，内陆区域小包装食用油市场的增长速度将取决于人口减少与经济增长这两股力量的平衡点。

从2000年平均每人9.8千克的食油量到2010年的18.4千克，平均每年的增幅是0.8千克。中国经济发展形势乐观，2011年中国人均GDP达到3.5万元，但与西方发达国家仍然有很大差距。如果人均食油量今后保持平均每年0.8千克的增幅，估计到2019年人均食油量将达到25千克（参照值：香港人均GDP19万元，人均年消费植物油31千克；台湾人均GDP11万元，人均年消费植物油26千克）。如表1－2所示。

① 《南方周末》，2012年11月29日T1版，《辉煌与坚忍：20年来的中国地产》

表1-2 2000~2019年中国小包装食用油的市场发展状况

年份	中国人口增长指标			食用油市场规模				
	总人口（亿）	人口增长率	城镇人口比例	全国人均食用油量（千克）	食用油总量（万吨）	小包装食用油总量（万吨）	小包装食用油比率	小包装食用油增长率
	①			②	③=①×②×10	④	⑤=④/③	
2000年	12.67	0.76%	36.2%	9.8	1242	120	9.6%	
2001年	12.76	0.70%	37.7%	10.4	1327	170	12.8%	41.7%
2002年	12.85	0.65%	39.1%	11.0	1413	220	15.6%	29.4%
2003年	12.92	0.60%	40.5%	11.6	1499	280	18.7%	27.3%
2004年	13.00	0.59%	41.8%	13.5	1755	340	19.4%	21.4%
2005年	13.08	0.59%	43.0%	14.1	1844	380	20.6%	11.8%
2006年	13.14	0.53%	44.0%	15.0	1971	420	21.3%	10.5%
2007年	13.21	0.52%	44.9%	15.9	2100	470	22.4%	11.9%
2008年	13.28	0.51%	45.7%	16.2	2151	510	23.7%	8.5%
2009年	13.34	0.48%	46.6%	16.7	2228	560	25.1%	9.8%
2010年	13.40	0.45%	49.7%	17.6	2358	615	26.1%	9.8%
2011年	13.46	0.42%	51.3%	18.4	2477	680	27.5%	10.6%
2012年	13.51	0.39%		19.2	2594	745	28.7%	9.6%
2013年	13.56	0.35%		20.1	2726	810	29.7%	8.7%
2014年	13.60	0.32%		20.8	2829	880	31.1%	8.6%
2015年	13.64	0.29%		21.6	2946	950	32.2%	8.0%

续表

年份	中国人口增长指标			食用油市场规模				
	总人口（亿）	人口增长率	城镇人口比例	全国人均食用油量（千克）	食用油总量（万吨）	小包装食用油总量（万吨）	小包装食用油比率	小包装食用油增长率
2016年	13.68	0.26%		22.4	3064	1020	33.3%	7.4%
2017年	13.71	0.23%		23.2	3181	1100	34.6%	7.8%
2018年	13.74	0.20%		24.0	3298	1180	35.8%	7.3%
2019年	13.76	0.17%		25.0	3440	1270	36.9%	7.6%

注：全国人均食用油量及小包装食用油比率，是笔者本人依据行业数据及经济发展状况评估判断得出的数据。

2000年，中国小包装食用油总量为120万吨，占食用油市场份额的9.6%。2011年，小包装食用油总量达到670万吨，占食用油市场的27%。平均每年增加1.8个百分点。从表1－2可以看出，小包装食用油虽然市场规模仍在扩大，但是增长速度在减缓。总的来说，可以分为4个阶段。

（1）2001年以前，小包装食用油市场增长在30%以上；

（2）2002～2004年，小包装食用油市场增长在20%以上；

（3）2005～2007年，小包装食用油市场增长在10%以上；

（4）从2008年开始，小包装食用油的市场增长为10%左右。

其实，小包装食用油行业发展放缓并不难理解，说到底只是一个数字规律。假定第0年散装油的数量是100，以后每年包装油新增数量为5，我们可以看到，随着小包装食用油基数的增大，其增长速度必定会下降。人口增长、城市化及GDP增长这三个因素都不足以改变这一趋势。如表1－3所示。

表1-3 小包装食用油增长率变化模型

年数	散油	每年新增小包装食用油	小包装食用油	小包装食用油年增长率
0	100%	0	0	
1	95%	5%	5%	
2	90%	5%	10%	100%
3	85%	5%	15%	50%
4	80%	5%	20%	33%
5	75%	5%	25%	25%
6	70%	5%	30%	20%
7	65%	5%	35%	17%
8	60%	5%	40%	14%
9	55%	5%	45%	13%
10	50%	5%	50%	11%

小包装食用油市场的增长率迅速接近食用油市场的增长率。大概从2012年开始，小包装食用油市场的增长率将保持在比食用油市场的增长率高3~4个百分点的水平上。也就是说，小包装食用油将告别高速增长的成长期，进入稳步增长的成熟期。如图1-2所示。

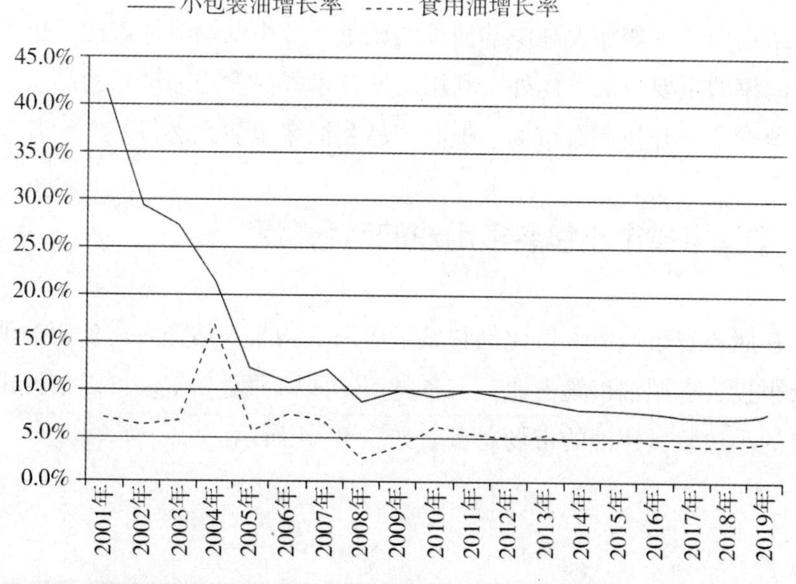

图1-2 2001~2019年小包装食用油与食用油增长率比较

2011年，在中国的食用油市场，散油占比为73%。散油包括了餐饮用油和家庭用油两部分。其中，餐饮用散油占中国食用油总量的29%（包括中包装餐饮油），这部分是无法转化为小包装食用油的。而且，随着中国经济的发展，在外就餐的人越来越多，餐饮用油的发展速度不会低于小包装食用油的发展速度。中国居民家庭吃散油的占45%，问题是这部分居民主要在农村，农村人口要向小包装食用油转化有很大的难度。估计仅有16%的人在吃散装家庭用油，相当于400万吨的量，这也是城镇小包装食用油还能新增销量的上限（如果不考虑人口增长及人均食用量的增长）。

目前，有许多社会现象都可以证明这一判断。比如高考报名学生人数在减少、许多农村只剩下老人小孩留守、沿海地区闹民工荒、上海等发达城市人口负增长……只要总人口减少、移入城市的人口减少，小包装食用油的市场增速注定要放缓。当然，由于市场基数变大，增长速度放缓的同时，小包装食用油的新增量将越来越庞大。

在走向成熟的小包装食用油行业里，仅靠“广告+低价”的粗放式经营越来越难以成功，市场注定要靠精耕细作来增加销量，包括对现代渠道的深度渗透、经销商管理水平的提升、散油向包装油的转化……通过结构调整，如加大高中端油种的比重、减小低端油种占比，也是提高利润率的重要方法。此外，利用研发技术提高食用油产品的品质、建立竞争壁垒、开拓蓝海市场、提高产品利润率也势在必行。

四、中国各省市小包装食用油的市场容量

参照各省市城镇人口比例和城市居民人均收入估算人均食用油消费量及小包装食用油市场占比，与各省市的人口数量相乘，可以估计出各省市的小包装食用油的市场总量。如表1-4所示。

表1-4　2010年中国各省市小包装食用油市场容量表

省份	各省市经济发展水平			食用油与小包装食用油的市场总量			
	2009年城镇人口比例	2009年城镇居民人均收入（元）	2010年人口数量（万人）	人均食用油（千克）	食用油市场总量（吨）	小包装食用油占比	小包装食用油市场总量（吨）
			①	②	③=①×②×10	④	⑤=③×④
上海	89%	28838	2302	26.9	619238	58%	359158
北京	85%	26738	1961	25.8	505938	46%	232731
浙江	58%	24611	5443	21.5	1170245	40%	468098
广东	63%	21575	10430	19.4	2023420	33%	667729
天津	78%	21430	1294	19.9	257506	42%	108153
江苏	56%	20552	7866	19.4	1526004	33%	503581
福建	51%	19577	3689	18.3	675087	33%	222779
山东	48%	17811	9579	17.7	1695483	27%	457780
内蒙古	53%	15849	2471	17.7	437367	15%	65605
辽宁	60%	15761	4375	17.7	774375	31%	240056
重庆	52%	15749	2885	17.2	496220	19%	94282
广西	39%	15451	4603	17.2	791716	15%	118757
湖南	43%	15084	6568	17.2	1129696	27%	305018
河北	43%	14718	7185	17.2	1235820	24%	296597
云南	34%	14424	4597	16.1	740117	15%	111018
河南	38%	14372	9402	17.2	1617144	26.5%	428543
湖北	46%	14367	5724	17.2	984528	27%	265823

续表

省份	各省市经济发展水平			食用油与小包装食用油的市场总量			
	2009年城镇人口比例	2009年城镇居民人均收入（元）	2010年人口数量（万人）	人均食用油（千克）	食用油市场总量（吨）	小包装食用油占比	小包装食用油市场总量（吨）
			①	②	③=①×②×10	④	⑤=③×④
陕西	44%	14129	3733	17.2	642076	17%	109153
安徽	42%	14086	5950	17.2	1023400	24%	245616
宁夏	46%	14025	630	17.2	108360	16.5%	17879
江西	43%	14022	4457	17.2	766604	26%	199317
吉林	53%	14006	2746	17.2	472312	15%	70847
山西	46%	13997	3571	17.2	614212	24%	147411
四川	39%	13904	8042	15.1	1214342	14.5%	176080
海南	49%	13751	867	17.2	149124	23%	34299
西藏	24%	13544	300	14.5	43500	13%	5655
贵州	30%	12863	3475	11.8	410050	8%	32804
青海	42%	12692	563	11.8	66434	7%	4650
黑龙江	56%	12566	3831	16.1	616791	15%	92519
新疆	40%	12258	2181	16.1	351141	15%	52671
甘肃	33%	11930	2558	11.8	301844	8%	24148
合计	46.6%	17175	133277	17.6	23456752	26.2%	6158755

注：城镇人口比例、城镇居民人均收入来源于《中国统计年鉴》，人口数量来源于第六次人口普查统计，未包括港、澳、台人口，230万的军人以及465万难以确定常住地的人口。

表1－4所示按照城市居民人均收入高低排序，在正常情况下，城

市居民人均收入及城镇人口占比与人均食用油消费量及小包装食用油占比成正相关的关系。但是有两个例外。

（1）城市居民人均收入与城镇人口占比发展不协调。比如，海南的城市居民人均收入低于四川，但海南的城镇人口占比要比四川高很多，所以人均食用油消费量和小包装食用油占比都比四川高。黑龙江、新疆和海南的情况比较类似。

（2）少数民族聚居区域如内蒙古、西藏、宁夏、云南和青海，由于物流落后及消费习惯与汉族差异较大，人均食用油消费量和小包装食用油占比与城市居民人均收入及城镇人口占比无关。

在表1－4所示数据的基础上，用某品牌各省小包装食用油销量/小包装食用油市场总量，就可以得出该品牌在各个省市的市场份额。根据市场份额的大小，可以将各个省市市场分类并确定工作侧重点。如表1－5所示。

表1－5　根据市场份额区分小包装食用油市场类型

市场类型	市场份额	市场特征	工作侧重点
垄断市场	>55%	处于市场垄断地位，竞争对手很弱小	渠道
领导市场	46%～55%	市场份额远远领先于竞争对手	渠道
领先市场	37%～45%	市场份额虽然领先，但竞争对手强势，市场竞争激烈	品牌
竞争市场	27%～36%	不是市场的领导者，竞争对手处于领先地位	产品
问题市场	<26%	市场份额比竞争对手落后，竞争对手强势领先	价格

五、食用油行业格局的演变

食用油行业属于农业及食品加工业范畴，在营销管理上亦可归类为快速消费品。广义上，食用油行业研究的对象包括：与油籽生产相关的种植业、与油籽流通相关的贸易业、与油粕消费相关的饲料业、与油脂加工相关的油脂加工业和化工业、与特种油脂消费相关的食品生产业、与油脂消费相关的餐饮业和快速消费品批发业与零售业。狭义上，食用油行业仅指食用油产业链中最核心的油脂加工业环节。如图1－3所示。

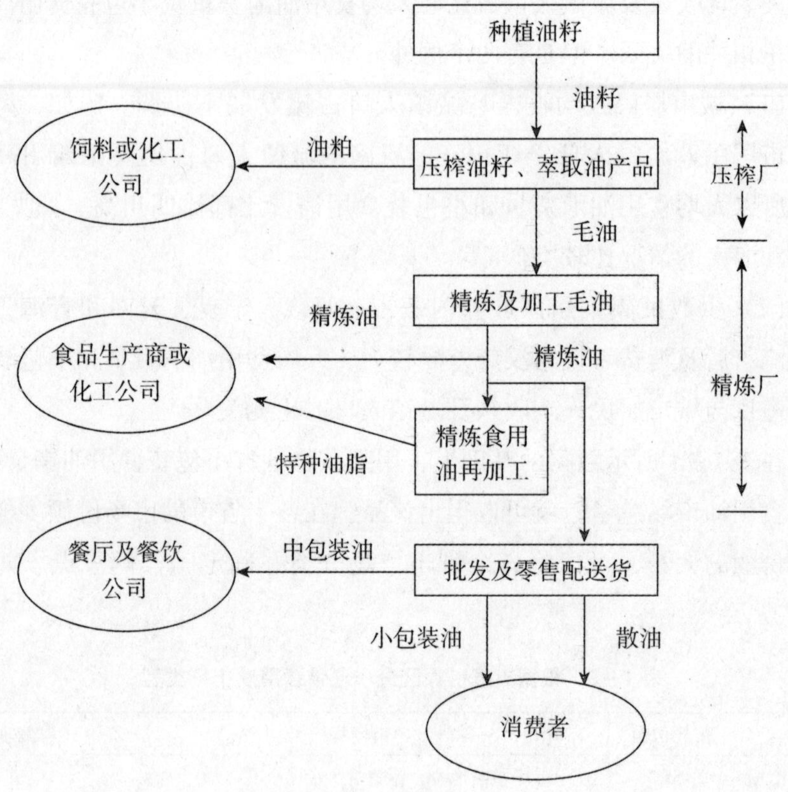

图1-3 食用油产业链

以大豆油为例来说明食用油的产业链。大豆不仅含有大量的蛋白质和脂肪，还含有丰富的矿物质和维生素。大豆除了制作传统的食用豆制品外，还用来压榨油脂、生产大豆油毛油。大豆油毛油一方面经过精炼形成供食用的精炼大豆油，另一方面经过加工还可形成大豆卵磷脂、起酥油和人造奶油、硬脂酸、甘油、氧化大豆油等产品，广泛应用于食品、医药、造纸、制革等工业，甚至还可以替代润滑油，供汽车、轮船、机械使用。大豆的蛋白质可以做成豆粕、大豆粉、大豆蛋白等产品，应用于食品加工业和畜牧饲料业。豆粕做成的精饲料有很高的应用价值。

为了节约原料和运输成本，食用油企业的布局一般与原料来源地一致。例如，大豆油企业集中在东北、菜籽油企业集中在长江流域、花生油企业集中在山东、葵花籽油企业集中在内蒙古。2000年以来，受大豆进口的影响，大豆油企业的布局改变成集中在沿海港口，江苏、山东、广东和天津等省市沿海港口兴建了100多个大型油脂加工企业。据2010年统计，食用油产量排在前10位的省市，除了湖北，其余的全部为沿海省市。

2002~2003年，大豆油价格大幅上涨，2003年10月，大豆压榨利润高达1000元/吨。较高的利润水平吸引了大量资金，许多厂家扩大产能，造成生产能力严重过剩。正常情况下，国内大豆油压榨企业的开工率应该维持在70%左右，这样可以保证节前旺季的供应需要。但是，2004年，国内大豆加工能力约在8000万吨左右，而市场需求不超过2800万吨（包括国产大豆774万吨和进口大豆2023万吨），平均开工率只有35%。

食用油行业的格局演变以2004年为分水岭。国内原有各类食用油生产企业达1.6万家，其中多数是小型企业。受2004年大豆价格风波以及2005年大豆油价格持续低迷的影响，国内的大豆压榨厂家纷纷破产，行业集中度迅速提高。2002年，油脂行业的规模企业为5169家（日处理油料能力在30吨以上），到2005年仅剩下1043家。但2005年的油脂总产量、总产值和销售收入等指标均高于2002年。

2006~2010年，油脂规模企业从1012家增长到1468家，年均增长率9.8%。大企业（日处理油料能力在400吨以上）的数量增长更快，2010年达到309家，年均增长率15.4%。同期，油脂行业的年油料加工能力和年油脂精炼能力分别从2006年的7177万吨和2166万吨增长到2010年的13111万吨和3973万吨，年均增长率都达到16%。这说明油脂行业在稳步增长，而且行业集中度有所提高。

2008~2010年，大企业的年油料处理能力从5492万吨增长到9574吨，所占行业比例从70%增加到73%。同期大企业的年油脂处理能力从1566万吨增长到1966吨，所占行业比例从57%下降到了50%。这说明压榨厂贴近原料来源，规模越大越有优势；精炼厂贴近市场，规模越小越灵活。

表1－6　2006～2010年中国油脂行业收入利润表

项目	2006年	2007年	2008年	2009年	2010年	年均增长
产量（万吨）	2214	2278	2419	2680	2839	6.4%
每吨平均价格（万元）	7847	11209	14178	13514	15185	17.9%
销售收入（亿元）	1737	2554	3429	3622	4311	25.5%
利润（亿元）	47	105	45	82	105	22.4%
利润率	2.7%	4.1%	1.3%	2.3%	2.4%	——

2006～2010年，中国油企的产量平均增长16.2%，与产能的增长基本同步。销售收入与利润的增长速度更快，利润率则稳定在2.4%左右的水平。其中，2007年油脂原料大涨，行业收益特别好。2008年的金融危机又使行业收益跌入低谷。

2008～2010年，无论是从年油料处理能力、年油脂精炼能力还是食用油实际产量来看，民营企业所占份额都在增加，2010年分别达到64%、55%和49%，而且份额每年都在增长。民营企业的发展重点是加工原料的压榨厂，如广州植之元日压榨能力5000吨的工厂2006年投产、山东渤海日压榨能力5000吨的青岛工厂2007年投产。外资企业的发展重点是最终产品，2011年实际食用油产量占43.5%，但与2008年54%的份额相比，下降趋势明显。国企的这三项指标的比例均在8%～9%。

第2章

Chapter 2

食用油营销的特点

一、食用油的需求弹性

（一）食用油需求弹性很小

所谓“谷贱伤农”，是指在农业生产活动中，存在这样一个经济学现象：在歉收的年份，粮食价格大涨，农民会获得较好的收入；在丰收的年份，粮食价格大跌，农民的收入反而减少了。这是因为粮食是一种必需品，对粮食的需求主要是由对粮食的生理需求决定的，粮食需求量对价格的变化不是很敏感。也就是说，粮食需求缺少弹性。

需求弹性也称价格弹性或需求的价格弹性，它表示在一定时期内一种商品的需求量变动对该商品的价格变动的反应程度。或者说，在一定时期内当一种商品的价格变化1%时所引起的该商品的需求量变化的百分比。大多数快消品的需求弹性都比较大。比如牛奶，低价能够吸引消费者多消费，蒙牛和伊利可以通过常温奶价格战迅速把牛奶产业做大。还有饮料，你卖碳酸饮料，我卖果汁，他卖茶饮……相互竞争的结果是消费者有更多的选择、消费量也大了，饮料市场也越做越大，各个饮料厂家都能获得好处。但食用油的需求弹性很小，食用油产品的需求总量很稳定，食用油企业如果发动价格战，反而会把产业做小。

由于需求弹性小，如果进口大豆等原料涨价就会带动食用油价格上涨，整个食用油行业会因此获得额外收益。反过来，如果原料价格下跌就会导致食用油价格下跌，往往会导致全行业亏损。不同规模的食用油企业应对原料成本涨跌的方式是不同的。规模大的油厂，原料库存数量也大，必须通过期货市场的套期保值尽可能地规避原料成本变动的风险；规模小的地方油厂，多数不具备套期保值的能力。但小油厂的库存压力也小，在原料大幅跌价之前，小油厂如果能正确判断形势、清空库存，就有可能获利。但多数小油厂因为误判形势、囤油数量较多而陷入困境甚至破产。经营花生油、山茶油这样没有期货市场的产品，不论油厂规模大小，都一样得承受原料成本变动的风险。

迈克尔·波特在《竞争战略》中提到："零散型产业是一种重要的结构环境，其中，有许多企业在竞争，没有任何企业占有显著的市场份额，也没有任何一个企业能对整个产业的发展产生重要影响。"农产品是零散型产业的一个领域。在美国，"动物脂肪和油"产业，"4 个最大企业所占市场份额为 28%，8 个最大企业所占市场份额为 37%"（1972 年数据）。[①] 中国的情况与之相似。据国家粮食局和中国粮食行业协会统计，2010 年，食用油产量排名前三位的厂家分别是益海嘉里 666 万吨、中粮集团 245 万吨和九三粮油 108 万吨，合计市场份额仅有 36%。考虑到中国有一大部分散油是由行业统计数据之外的小厂家、土作坊生产的，中国的食用油产业真实的集中度数据应该比美国低。在中国的食用油市场上，"没有企业能够操控食用油的市场价格，国内食用油加工能力是过剩的，食用油品牌较多，消费者有足够的选择空间"[②]。

（二）散油和小包装食用油的市场差异很大

在食用油产业中，散油和小包装食用油的市场差异很大。散油的客户可以分为两类：

一类是企业用户，包括食品企业、餐饮企业和烘焙企业等；另一类是消费能力较低的农村消费者。

企业用户议价能力强，要求散油产品的价格最低，散油的包装、运输成本都要尽可能地节约成本，营销成本更要缩减近零。农村用户则会将散油价格与自产自销的土作坊的榨油价格做对比，也要求散油价格低廉。由于散油价格被压到最低，散油的客户，无论是企业用户还是农村用户，一般都被动地接受散油价格的变化。散油在企业用户的成本中所占比例很小，麦当劳不会因为食用油价格上涨了就提高汉堡包的售价，康师傅也不会因为食用油价格上涨就把方便面的价格上调。农民的消费能力低、消费数量有限，也不会在食用油跌价时囤油。

---

① 迈克尔·波特《竞争战略》，华夏出版社，2005 年 10 月第一版，182 页

② 《发改委驳食用油价被操纵》，2009 年 12 月 15 日，《京华时报》

小包装食用油主要针对城镇消费者，这些消费者对它的价格变动非常敏感。超市喜欢用小包装食用油产品做促销活动吸引人气。由于食用油需求弹性小，消费者不可能因为价格便宜就多吃油，也不可能因为价格贵就少吃油。所以，价格变动不会影响小包装食用油的消费量，只会影响消费者的购买时机。厂家提价时，消费者会由价格高的品牌油种转向价格低的品牌油种；厂家降价时，消费者会大量囤积低价油。这使得小包装食用油厂家之间的价格战比一般的快消品惨烈得多。一个厂家降价促销，必然会引起其他厂家跟进。如此恶性循环，往往降低了整个市场容量，大家都没有利润。

相对散油产业来说，小包装食用油市场具有寡头竞争性质，这一市场特征是由以下三点共同决定的：

（1）产品本身的低需求弹性；

（2）产品的同质化程度很高；

（3）面对的是议价能力弱的个体消费者。

小包装食用油市场的全国性品牌相对较少，市场排名前三的厂家能占据 2/3 的市场份额。

（三）小包装食用油的毛利低

需求弹性小决定了小包装食用油是低毛利的产品。所谓“粮油一分利，百货十分利，珠宝百分利，古玩千分利”。一般的饮料产品，原料和包装成本仅占出厂价的 20% ~30%。小包装食用油的原料和包装成本所占比例高达出厂价的 80% ~90%。小包装食用油品牌溢价能力完全不能与成本行情变动相抗衡。比如花生油行情，2008 年初涨到 18000 元/吨，半年时间就跌到 9000 元/吨。相比之下，再好的品牌溢价能力也不会超过 3000 元/吨。**所以，小包装食用油的营销管理需要基于“整个生意”考虑，做营销的同时必须了解原料行情波动、工厂产能与优势、物流成本高低等多种因素。**

干得好的小包装食用油品牌经理往往也是半个行业专家，不像其他的快消品行业，做品牌的只需要专注于研究消费者的心理就可以了。当然，低毛利不等于低净利。由于小包装食用油购买量大而且稳定，有一定品牌力的产品不愁销售，对于厂家和经销商来说，这门生意的投资回报还是比较可观的。

案例1：新鲜龙大油的机会

2008年，食用油行业遭遇了前所未有的行情大波动。在这一年里，无法规避原料成本风险的企业都面临着经营困难。

没有做套期保值的企业。大豆压榨企业经历过2004年的大豆风波，风险意识较强，基本上都做了套期保值。菜籽压榨企业规模相对偏小，风险意识较差。例如，湖北荆州市的近20家菜籽油企业，除两家企业未出现亏损外（一家做了套期保值，另一家见形势不好及时抛售产品），其余企业全部净亏损，亏损额最大的超过2000万元。大豆压榨企业，如果是以国产大豆为原料的东北油厂，日子过得也很艰难，因为进口大豆与国产大豆保持巨大的价差。

库存积压大但产品做不了套期保值的企业。例如鲁花，受花生油较高库存的拖累，成为2008年价格保持最坚挺的大油企，降价幅度也仅为10%左右。相对于市场上普遍在60~90元/5升的零售价来说，鲁花99.9元/5升的定价仍然高高在上，鲁花花生油的市场份额与同期相比大约下降了15%。

几家欢喜几家愁，也有日子过得滋润的油企：龙大花生油、福临门花生油和喜燕花生油都有很好的增长率。11月底，一级花生油的市场报价仅在11400元/吨左右。龙大无高库存之累，借此时机大举入市，拥有了新花生油低成本的巨大优势。10月，龙大花生油改变了产品广告诉求，由原先较虚的“天赐好油、自然健康”改成了务实的“当季新花生、新鲜龙大油”。这一广告既用新鲜概念讨好了消费者，又暗示了它有花生油采购的价格优势。龙大花生油在央视黄金时段播放了新广告，抓住机会向全国花生油市场进军。龙大投资1.5亿元的聊城花生油项目在2007年正式投产，年产能10万吨，为龙大进军全国市场在产能上提供了保障。

二、小包装食用油消费的季节性和区域性特征

(一) 小包装食用油消费的季节性

小包装食用油产品的需求弹性小及是生活必需品的特征，还决定了它是一种相当重要的福利产品。理论上说，每个家庭每个月的吃油量不会有太大的差异。可是，小包装食用油市场的月销量却有明显的波动。企事业单位在每年重要的节庆日都会发放福利，小包装食用油是最重要的福利产品之一。最初，在大家都在吃散油，还没有小包装食用油消费习惯的时候，金龙鱼就选择了福利团购渠道打开了小包装食用油市场。鲁花初入市场时，也是选择福利团购渠道打开了价格较高的小包装花生油市场。龙大要做全国性市场，也着力于通过从鲁花挖人来抢福利团购市场。时至今日，福利团购仍然是多数小包装食用油厂家必争的重点市场。

小包装食用油的销售旺季集中在1月、9月、10月、12月，即中国最重要的传统节日：元旦、中秋、国庆和春节。零售价格较高的油种（如山茶油、花生油和葵花籽油）与价格较低的油种（如调和油、大豆油）相比，更容易受福利团购销售旺季的影响。

另外，中、西部内地市场的淡旺季之分要比东、南部沿海市场明显得多。西北、西南地区市场的福利团购性质最强，其次是东北、华中地区，再次是华东、华北地区，华南地区的季节性最弱。沿海经济发达地区，各单位越来越倾向于通过发放超市购物卡的方式提供福利，福利团购市场慢慢淡化。

(二) 小包装食用油消费的区域性

大体上说，食用油的消费习惯是：东北主要消费大豆油，华北主要

消费大豆油、花生油，华东主要消费大豆油和调和油，华南沿海主要消费调和油和花生油，长江流域主要消费菜籽油和山茶油，西北主要消费菜籽油和胡麻油。

食用油的这种区域性消费习惯是由历史和经济两个因素决定的。

历史上，东北和华北是大豆的主产区，山东、广东和广西是花生的主产区，内蒙古和新疆是油葵的主产区，华南是油茶的主产区，长江流域和北方部分地区则是油菜的主产区，因而各地形成了不同的食用油消费习惯。

受国外廉价大豆和经济快速发展的冲击，中国的食用油消费结构开始了多元化的演变。大豆油由东向西席卷了半个中国的食用油市场，很多消费者都养成了以豆油或调和油（以豆油为主料）为主的消费习惯。同时，中国的经济进入高速增长期。沿海地区的经济要比内陆地区发达得多，因而沿海地区收入较高的居民开始更多地消费葵花籽油、玉米油和橄榄油等新兴油种。

三、解读小包装食用油消费者

卖油的人一般都知道，对小包装食用油目标消费群体最经典也是最简单的描述就是：35 ~ 60 岁的家庭主妇。可是，就是这个最简单的消费者描述，让不少小包装食用油的营销人员栽过跟头。

（一）瓶标设计

我记得，当年刚进入小包装食用油品牌管理这个行业时，曾做过的一次消费者测试。当时在广州，拿着公司刚研发的一种花生油，与市面上最主要的两个花生油品牌产品进行冷油香味比较测试。A 是公司现有的花生油产品，B 是市场第一品牌的花生油产品，C 是公司研发的花生油新产品。虽然本人不时也会下下厨房，炒上几个菜，但从来没有关注过用什么油，更不要说闻油的味道了。

让我惊讶的是被调研公司拉来的那些大妈，虽然是很不情愿地坐在座位上、简单地回答了几个问题，匆匆拿过油瓶闻闻味道，但测试结果却惊人的一致：C的风味略好于A，C与B有较大的差距。这次消费者测试证实了公司现有的花生油产品A为什么卖不过市场第一品牌B的原因，也证实了公司研发的新产品C很成功。这些很寻常的家庭主妇能轻易地分辨出三种花生油的细微差异。

没过多久，消费者又给我上了一堂课。那时我要操刀某个二线品牌的新瓶标设计。在我看来，在所有小包装食用油品牌管理工作中，最让人头痛的就是瓶标设计。一个老产品，销量一直没什么起色，也实在没有什么好的卖点，做广告又没有那么多钱。怎么办？换个瓶标。于是，广告公司设计了好多瓶标，一层层的领导评头论足，一批批的销售同事指点江山……总算折腾出一个上下都满意的新瓶标。在“市场需求”的紧追慢赶下，贴着新瓶标的产品终于上市了。谁也没有料到，真正的噩梦才刚刚开始，消费者不买账，产品卖不动。渠道苦于新旧交替过程中的库存清理，销售同事对上不去的业绩终于有了一个说得过去的理由——新瓶标不好看！

为什么会这样？其他的产品都好说，最麻烦的是调和油产品。调和油产品线丰富，有食用调和油、花生调和油、菜籽调和油、清香调和油……豆油产品在瓶标上画几颗大豆、菜籽油产品在瓶标上画几朵油菜花就行了，但是想通过原料图案清晰地区分多种调和油产品简直是不可能的事情。另辟蹊径，广告公司拿出了一款龙凤呈祥的瓶标设计。

龙凤呈祥，既有“调和”的含义，又符合品牌大众、传统的产品定位，还能给消费者带来一种喜庆的感觉。该瓶标产品上市后，发现产品还是不畅销，做了一次消费者测试才了解消费者的想法：品牌和产品名称的字体一定要大（可以让她们老远就能看到卖的是什么油），瓶标图案能把产品原料反映出来（省得她们再去看产品配料表中的那些小字），其他的什么讨彩、喜庆图案都是浮云。还是回过头来，再走用原料图案设计瓶标的路子吧。

这次经历给我的教训就是：卖油的人和买油的人是差异很大的两类人。卖油的人，从市场经理、销售业务员到广告公司，都以一帮大男人或者小女生为主；年轻白领工作繁忙、收入高、花钱大手大脚、欣赏现代简洁风格，很少去超市买油或进厨房炒菜。而买油的人呢？四五十岁的家庭主妇占多数，恨不得一分钱掰成两半花，生活节奏慢、思想传统、偏好色彩喜庆的图案、以家庭为重心。如果把第一类人的审美趣味强加到第二类人身上，很容易产生错位。

前面说过，菜籽油产品在瓶标上画几朵油菜花就行了，其实也没那么简单。广告公司可以从图库中选出几朵最美、最炫丽的油菜花用在瓶标上。但家庭主妇却摸不着头脑：这是什么花？真实的油菜花是以数量取胜的，大片大片的油菜花汇聚成金黄的海洋（“尝香忆”菜籽油的瓶标设计）。除了专业摄影师或植物学家，很少有人去关注单朵油菜花长什么样。更何况，油菜花有多个品种，各个地方的油菜花也不相同。要想让家庭主妇分辨清楚那可真是太难了。2009年，我曾走访宁波市场，在超市里，听到家庭主妇对新上市的“尝香忆”菜籽油的评论：“我们小时候看到的油菜花就是这个样子的。”

（二）小包装食用油做品牌要尊重消费者

卖油的人很少会从买油人的角度想问题。不仅仅是瓶标，小包装食用油产品不管它是什么品牌、什么价位，我们随处可以看出对消费者的“傲慢”态度。油瓶的瓶盖盖不严；瓶盖与瓶颈的连接处容易断掉；瓶标、挂标上的说明文字太多太小，看得费力又难以看清楚；小规格瓶型设计过于粗大，一只手不方便携带……

从卖油人的角度来看，我卖油的时候把油瓶密封好了，油瓶启用后瓶盖盖不严又与我何干？瓶标上的文字是符合国家标准的，而且我辛辛苦苦罗列了那么多广告语，瓶标就那么点空间，字不小一点怎么能放得下？小规格瓶型用的是最新、最漂亮的设计，不好倒油不会用油壶吗？

在中国，购买调和油、豆油和菜籽油等中低端油种的消费人群仍占大多数。这群消费者，多数家庭收入水平不高，能买到价格便宜、质量合格的食用油就不错了，哪还能顾得上那些细节呢？而且，中低端油种的品牌数量相对较少，消费者没有太多的选择。但是，从长远来看，尊重消费者的品牌一定会赢得消费者的青睐。如图2－1所示。

图2－1　天下五谷的方便提手设计

第3章

Chapter 3

小包装食用油营销的品牌战略

如图3－1所示是一张百年前的色拉油广告。“顶好麦色拉油，诸君要购者请认招牌为记，上海勃拉高经理。”这个广告不仅证明了早在清朝末年色拉油就进入了中国市场，而且还证明了那时候的食用油行业已经有了广告意识。有意思的是广告左上角其实是一瓶马莎拉葡萄酒。

图3－1　百年前的色拉油广告

一、单品牌与多品牌战略

什么是品牌？品牌是某种产品或服务在消费者心中所占的位置。品牌是一种名称、术语、标记、符号或设计，或是它们的组合运用，其目的是借以辨认某个销售者或某群销售者的产品或服务，并使之同竞争对手的产品和服务区别开。**一个品牌最持久的意义应是它的价值、文化和个性。成功的品牌是企业营销制胜的关键，能够帮助公司降低营销成本、提高产品信誉、获得品牌溢价。**

（一）品牌战略分类

品牌意识差是中国企业的通病，在关系国计民生的粮油行业尤为严重。这导致小包装食用油行业普遍品牌溢价能力差、产品毛利偏低，依靠价格战为主要竞争手段。小包装食用油行业里的少数佼佼者，都是品牌战略的成功者。小包装食用油行业的品牌投资战略可大致分为多品牌战略、单品牌战略和主次品牌战略三类。

多品牌战略，如益海嘉里，推出金龙鱼调和油、胡姬花花生油、欧丽薇兰橄榄油、鲤鱼菜籽油和元宝大豆油。益海嘉里采用多品牌战略，与其资金雄厚并且抢占了市场先机有关。

单品牌战略，如鲁花和多力。鲁花无论是花生油、葵花籽油、橄榄油，还是非食用油类的酱油、醋等所有产品都只用鲁花一个品牌。同样，多力旗下有葵花籽油、葵花调和油、橄榄葵花油、橄榄油和芥花油等油种及非食用油类的麦片、芝麻糊、豆奶粉等系列产品。

更多的厂家采用的是拥有2~3个品牌的战略，这些品牌有主次之分。其中，一个利润品牌保持价格稳定，其他品牌不时搞特价活动攻击竞争对手，获取市场份额。采用这一战略的厂家和品牌以中粮的福临门和四海、三星的长寿花和金银花等品牌为代表。

近年来，有不少食用油品牌都在打造子品牌，比如多力的“双宝”葵花花生油，福临门“家香味”花生油。在子品牌的命名上，基本上都突出了产品最重要的特征。使用子品牌，可以突出某个重点产品的差异性，既避免了稀释母品牌，又可以利用母品牌的影响力保证产品品质。当然，其中有一些企业也不是想做子品牌，只是想通过注册商标的方式，让竞争对手无法模仿某个重要的产品特征。

（二）品牌战略选择

是坚持走单品牌道路，还是走多品牌道路？这个问题几乎困扰过所有已经在单品牌战略上取得成功的企业。即使是已经拥有多个成功品牌的企业，在是否要打造一个新品牌的问题上也往往犹豫不决（当然，我们这里所谈的新品牌指的是利润品牌，而不是市场份额品牌。走低价路线的市场份额品牌可以随时根据市场的需要推出新产品或退市）。如果走单品牌道路，随着产品线的拓展，不断推出新产品，营销策划不断产生冲突，市场很难有起色。如果走多品牌道路，打造一个新品牌需要投入巨额资金，巨额广告费很快就花没了，什么时候才能产生效益、能有多大的利润，谁也说不准。

单品牌战略或多品牌战略，两者本身并无优劣之分，主要看它们用在什么样的市场环境中。**单品牌战略以厂家意愿为导向。**厂家让所有的产品都采用同一个品牌，等于向消费者做出质量承诺，保证各种产品都会有同样的质量水准。**多品牌战略以消费者意愿为导向。**厂家根据消费者不同的需求，不同类别的产品采用不同的品牌，等于向消费者做出服务承诺，保证在每一个领域都会提供最能满足消费者需求的产品。**所以，是否要走多品牌的道路，主要与所属行业的性质和产品市场的发育程度有关。**

从所属行业的性质来看，一般来说，技术门槛较高、消费者较为看重质量的行业适用单品牌战略，如家电、通讯产品、电脑等行业。技术门槛低、消费者需求多样化的行业适用多品牌战略，如快消品、房地产等行业。有的行业同时具备上述两类行业性质，既有较高的技术门槛要求，又有较多类型的消费者需求，往往采取单一企业品牌和多产品品牌相结合的战略，如汽车行业和医药行业。

从产品市场的发育程度来看，处于上升阶段的行业，多以市场份额为重，采用单品牌战略；当这个行业进入成熟期、以利润为重时，采用子品牌战略。较为典型的行业是乳业。2005 年以前，乳业处于快速发展阶段，行业巨头伊利、蒙牛、光明都采用单一品牌战略。2005 年，只有 1/4 的乳品企业获得微利，多数企业处于收支平衡或亏损状态，乳业巨头都不约而同地推出了新的高端牛奶子品牌。如蒙牛于 2005 年 8 月推出“特仑苏”，伊利于 2006 年 4 月推出的“金典”，光明于 2006 年 10 月推出的“优培”，等等。乳业品牌战略的演变说明，当一个快消品市场走向成熟、追求的战略目标从销量转向利润时，采用子品牌战略是大势所趋。

那么，对于小包装食用油行业来说，采用哪种品牌战略最合适呢？

二、从产品本质看小包装食用油的品牌战略

（一）注重研究小包装食用油的产品本质

在日化行业，宝洁旗下的飘柔、海水丝等几大品牌牢牢占据了洗发水产品70%以上的市场份额。小包装食用油行业能否效仿？蒙牛成功打造出特仑苏这个高端乳品的子品牌。子品牌策略能否应用到小包装食用油行业中呢？要回答这些问题，需要先回归到对小包装食用油产品本质的研究。

我们应该认识到，**小包装食用油是一种消费者低关注度的产品**。这反映在小包装食用油的两大功能上。

（1）除了少量用于凉拌菜外，小包装食用油不能直接食用，其**首要功能是“帮助”烹饪**。随着经济的发展及人民消费水平的提高，这一“帮助”功能逐渐被淡化。比如，笔者曾在深圳访谈过一位家庭主妇，她认为靠食材就能做出色香味俱全的美食，不需要用油添味。相反，她还担心油会扰乱菜肴的味道。一般来说，收入较低的人群偏重于风味油种，收入较高的人群偏重于清淡、有健康理念的油种。

（2）小包装食用油的**第二个功能是提供油脂这一人体必需的营养物质**，包括各种脂肪酸及少量营养素，这一功能其实是可以被替代的。人们平时吃的肉类、豆浆、坚果、油炸食品……这些食品都含有丰富的油脂营养。正是因为现代人的油脂营养过于丰富，中国营养学会才会将“减少油脂摄入”作为一条非常重要的健康准则。总的来说，消费者对小包装食用油产品的关注度会越来越低。

而且，**小包装食用油并不是一种炫耀性产品**。没有人会跑到别人家的厨房看一看别人吃的是什么油。这一性质与洗发水有很大不同之处，洗发水能够帮助人们的头发柔顺或去头屑，在社交场合让人更加自信。也与乳品不同，乳品是直接食用的，在口感上可以给人直接的感知；乳品多数是给儿童食用的，父母更关注其品质。消费者对小包装食用油产

品的要求很简单：有我可以信赖的品类、品质就可以了。有些家庭主妇说："各个品牌的食用油质量都差不多，哪个品牌的广告多我就买哪个，或者哪个品牌的产品便宜（做活动）我就买哪个。"消费者更倾向于选择市场上营销综合表现最强势的品牌。

在消费者的关注度上，小包装食用油与洗衣粉、牙膏等快消品类似，品牌策略也应该类似。纳爱斯及宝洁分别在洗衣粉和牙膏产品上使用单一品牌策略，雕牌和佳洁士分别主导洗衣粉和牙膏产品市场。**所以，从小包装食用油产品的本质上来看，小包装食用油也应该使用强势的、单一的品牌战略。**如表3-1所示。

表3-1　各行业的产品关注度与品牌策略的相关性

产品类别	化妆品、汽车	洗发水	乳品、零食、家电	小包装食用油、洗衣粉、牙膏
消费者关注度	很高	高	中	低
品牌策略	多品牌且不断推出新品牌	多品牌	子品牌	单一品牌

事实上，除了一些小牌子外，小包装食用油行业很少有真正的专业性品牌。人们常说，金龙鱼是专业做调和油的品牌，鲁花是专业做花生油的品牌，多力是专业做葵花籽油的品牌，金浩是专业做山茶油的品牌。可是，认真看一看，就会发现这些品牌其实都不"专业"。金龙鱼是什么产品都做的综合性品牌。

益海嘉里的专业性品牌有其历史原因：当初与地方企业合资时，接收了一些地方品牌。在辅助金龙鱼品牌的定位下，这些地方品牌才发展成专业性品牌的。多力除了卖葵花籽油产品之外，还卖多种调和油产品以及玉米油、橄榄油等产品。就连鲁花都提出了"做强花生油、做大调和油"的口号，大力推广坚果调和油，寄希望于调和油帮助它实现销量增长的目标。金浩旗下有很多茶籽调和油产品，长寿花也销售葵花籽油和调和油产品。龙大和胡姬花销售花生油产品的同时，也销售花生调和油产品。**可以说，在食用油行业中，综合性品牌已经是市场的主流。各品牌的专业性仅体现在它们的主打产品上，而非它们所经营品类**

的单一性上。

（二）小包装食用油行业缺乏专业性品牌的原因

（1）正如前面提到的，小包装食用油是一种消费者低关注度的产品，这样的产品形态仅适用强势的、单一的品牌策略。**消费者关心产品超过关心品牌，如果专业性品牌没有实质的产品差异化表现，消费者是抵御不住低价诱惑的。**

（2）小包装食用油品牌如果想做大销量，就不可避免地要增加调和油产品线。调和油产品成本透明度低、价格又适中、容易上量，还容易避开单一油种同质化竞争的陷阱。例如，山茶油价格很高，金浩如果没有多个茶籽调和油产品就不可能在2010年做到11亿元的销售额。

（3）打造品牌太费钱了。小包装食用油行业是一个低毛利的行业，营销费用在产品收入中所占的比重很小。一瓶成本5元的洗发水，可以标价50元，有45元的空间可用于品牌管理；而小包装食用油产品却是45元的成本卖50元，仅有5元用于品牌管理。这点钱能将一个品牌做好就不错了，想多养几个品牌是件很奢侈的事情。

当然，也有不少只做单一品类产品的专业品牌企业。如东北有不少只做豆油品牌的企业，以九三为代表。在山东也有一些只卖花生油的品牌，如卖冷榨花生油的第一坊。西南和华东也有一些只卖菜籽油的品牌，如鲤鱼、尝香忆。这些品牌分为两个类型：要么属于大厂家的专业品牌，大厂家产品线宽，需要专业品牌占据某些细分市场；要么是区域性品牌，在某一品类的传统消费区域具有先天优势，企业实力不足，难以发展其他品类的产品并向外拓展市场。

三、品牌和产品定位

（一）品牌定位

各种各样关于品牌和产品的宣传广告满天飞，消费者很难接受这么多的信息。品牌只有在消费者的头脑里牢牢占据一个适当的位置，才能确保成功，这就是“定位”要做的事情。

在小包装食用油行业，品牌方面的定位有情感性定位、功能性定位和赞助性定位等方法。

1. 品牌情感性定位

一个品牌，是走情感诉求路线，还是走功能诉求路线呢？情感路线可以满足人们较高层次的生理需求，能够深深打动人心，甚至化为永恒的记忆，功能诉求只是在产品本身的卖点上做文章。从表面上看，当然是走情感路线的好，其实不然。消费者非常实在，他可以被你的感性的品牌广告感动，但在做购买决定的时候，却会选择另一个符合他利益的品牌。

雕牌的“下岗篇”、“后妈篇”广告，特煽情，看过的人没有不被感动的，没有人说广告做得不好的，但雕牌的洗衣粉、牙膏的销量并没有因为广告而增长。皮炎平的“超快篇”广告，通过夸张的故事情节突出产品止痒快的特征，结果一炮打响，迅速提升了产品销量。2002年，为了提升新上市的金龙鱼第二代调和油的销量，益海嘉里放弃情感路线的“温暖亲情金龙鱼大家庭”口号，走功能路线，极力宣传该产品1：1：1的卖点，获得了极大的成功。

一般来说，情感路线广告只适合那些产品知名度和美誉度非常高的、市场占有率领先的品牌。当产品被消费者高度认可后，金龙鱼才又回归“温暖亲情大家庭”的温情路线，重新做起了情感广告。

2. 品牌功能性定位

人们为什么要吃油？其实，食用油是由脂肪酸构成的，最基本的功能是补充人体脂肪、满足人体的热量需求。所谓“一天不吃油，浑身凉嗖嗖”。当然，这一功能没有人关注，因为人类已经吃了几千年的油了，食用油属于满足人们基本生活需要、非常普遍的日常食品之一。所以，各厂家主要在食用油的引申功能上做文章。

（1）**美味定位**。一般不会有人直接喝油，都是把它作为食物烹饪的辅助材料。所以食用油的一大功能是通过烹调让食物更美味。食用油产品中最香的是花生油（暂不谈论调味品芝麻油），所以在美味功能上最会做文章的也是花生油。如《美味中国》栏目，鲁花通过美食节目宣扬鲁花花生油的美味定位。金龙鱼花生油的“多位大厨合为一”的广告、赞助“美食甄功夫”，也是通过大厨或美食家做出的美食宣扬产品的利益点。

（2）**健康定位**。味道清淡、价位较高的食用油，如玉米油、葵花籽油、山茶油，喜欢拿各种不饱和脂肪酸和其他的营养物质围绕健康主题做文章。

3. 品牌赞助性定位

品牌赞助定位大致可以分为两类。

（1）**与品牌直接相关的赞助**。如鲁花的“人民大会堂宴会专供油”，暗示着鲁花因为其品质高才入选人民大会堂的宴会专供油，并借此权威形象打开北京的团购市场。还有金龙鱼花生油、芝麻油的“中国烹饪协会专用油”等定位。

（2）**与品牌间接相关的赞助**。如金龙鱼的“北京奥运会食用油独家供应商”和香满园的“中国国家女子排球队专用食用油”，主要通过和体育挂钩构建品牌的“健康”形象。品牌间接赞助定位的操作难度较大，投入的资源较多。

（二）产品定位

小包装食用油的产品定位主要有原料定位、销量排名定位、产品工艺定位、产品价格定位等方法。

1. 原料定位

原料定位的方法主要有：

（1）原产地定位，如胡姬花古法小榨花生油只选用青岛平度所产的上等花生，多力芥花籽油原料来自呼伦贝尔大草原；

(2) 原料新鲜定位，如西王鲜胚玉米油、新鲜龙大油；

(3) 有机原料定位，如龙大有机花生油。

2. 销量排名定位

所谓强者愈强，市场偏爱“第一”的品牌。这是金龙鱼保持市场领先地位最有利的因素。可是，这并不等于“第一”就被金龙鱼独占了，各种专业性品牌都可以在自己擅长的领域打出“第一”的旗号。鲁花可以说是花生油的第一品牌，多力可以说是葵花籽油的第一品牌，2006年4月，盛洲打出了“中国非转基因食用油第一品牌”的口号，等等。

3. 产品工艺定位

(1) **非转基因还是转基因。**虽然中国大多数小包装食用油厂家都在同时销售转基因及非转基因食用油，但还有一些厂家名不副实地将自己定位成“非转基因”食用油。

(2) **压榨工艺还是浸出工艺。**由于花生油要靠压榨工艺保持产品风味，有的花生油品牌便将自己的产品定位为物理压榨油。笔者曾遇到某品牌促销员，见到消费者就问：“您吃压榨油还是吃浸出油啊?”在全国粮油标准化技术委员会的专家看来：“压榨法和浸出法只是两种不同的油脂制取工艺，无论是浸出油还是压榨油，只要符合我国食用油脂质量标准和卫生标准，就都是安全的食用油。”在压榨工艺或浸出工艺上做差异宣传是不科学的做法。

4. 产品价格定位

(1) **高端定位。**食用油是重要的福利团购产品，这是食用油产品和一般快消品的不同之处。福利团购市场最重要的是有让利空间，对价格并不敏感。所以，有的高端品牌走高价策略，平时可以不卖货，做好形象就行，然后在春节、中秋、国庆的旺季在团购市场上发力。

(2) **中端定位。**中端市场的份额最大，多数调和油产品都定位于中端产品的价格。

(3) **低端定位。**低端产品一般不做品牌宣传，主要靠销量大快速出货。较特殊的一个例子是口福，它曾以全国最大的生产能力来打造低端品牌，并且将“品质卓越、价格公道，真正物超所值”作为自己最重要的定位之一。

案例2：遭遇品牌盲视的某菜籽油品牌

笔者曾经在某个城市做过菜籽油的入户深访工作。

第一个消费者，她说：“原先只吃葵王牌的菜籽油，后来超市不卖这个品牌的产品了，我只好吃金龙鱼的菜籽油。没有选择，超市里又没有其他牌子的菜籽油，只有金龙鱼一个品牌。”第二个消费者，她吃的是金龙鱼的一级菜籽油。我问她：“为什么不买其他牌子的菜籽油?”她说：“超市里除了金龙鱼外只有超市自有品牌的菜籽油。那种超市自有品牌的食用油，虽然价格便宜，但一定做得不好，我肯定不会买的。”我又问她：“你还知道其他品牌的菜籽油吗?”“不知道，超市里没有其他牌子的菜籽油。”她回答。

很巧，这两个消费者说的是同一个超市。可是，她们两人的说法为什么有这么大的区别呢？我专程去那家超市看了一下，发现超市其实有三个牌子的菜籽油：金龙鱼的三级和一级菜籽油、R品牌的三级和一级菜籽油、超市自有品牌的一级菜籽油。也就是说，她们都没看见R品牌的菜籽油，都只看见自己熟知品牌的菜籽油。事实上，R品牌的菜籽油一直在这个超市售卖，而且一般都有两三种的菜籽油产品。不过，货架位置较差，被摆在货架底层，虽然有好几个菜籽油产品，却没有集中陈列，很不显眼。而且，从来没有做过堆头陈列或者促销活动。

这种“品牌盲视”的现象其实在每个人身上都会发生。按照定位理论，每个消费者的记忆都是有限的，对每类产品他们顶多只能记住一两个牌子。所以说，不要以为产品铺进超市就万事大吉了，要想产品在琳琅满目的货架上引人注目，终端形象、特殊陈列、促销活动必不可少。否则，进了超市进不了消费者的心，这样的品牌迟早会因为消费者的漠视而消亡。

四、从品牌管理、产品管理到品类管理

（一）品牌管理

实施多品牌战略的公司，容易面临品牌管理与产品管理之间的矛盾。即一个品牌下面可能会有多个产品，而一个产品下面也可能会有多个品牌，品牌与产品之间呈现出交错复杂的关系。假设某个公司的品牌与产品的对应关系，如表 3－2 所示。这样一来，公司就会面临一个管理角度的问题：是实施品牌管理，还是实施产品管理？

表 3－2　品牌与产品的对应关系

品牌	花生油	葵花籽油	玉米油	茶籽调和油	花生调和油	调和油	菜籽油	大豆油
A	√	√	√		√	√	√	√
B	√				√			
C	√			√	√	√	√	√
D							√	
E								√
F	√	√			√	√	√	√
G	√	√	√			√		√

第一阶段一般是品牌管理，即一个品牌经理管理一个品牌。在实施这一品牌管理体制的过程中，由于同一产品的资源被分散到多个品牌，受多个品牌经理的管辖，容易各自为政，不能产生合力。以表 3－2 所示为例，一共有 A、B、C、F、G 5 个花生油产品，要被多个品牌经理管理，产品价位接近，品牌之间协调沟通成本较高。

（二）产品管理

鉴于此，品牌管理将演化到第二阶段：产品管理。一个品牌经理管理一种产品。以表 3－2 所示为例，管理大豆油的品牌经理就能同时管

辖5个品牌下的所有大豆油产品。这种管理模式在一定程度上解决了产品冲突的问题，也在某种程度上更能满足消费者的选择。因为对消费者来说，往往是先选择某种产品，然后再选择某个品牌。运用产品管理模式还可以将消费者分为高端、中端和低端等不同层次，用不同层次的产品有针对性地向不同层次的消费者营销。

但是，产品管理模式也带来了一些新的问题。比如说，葵花籽油的品牌经理，手中只有A、F、G三个品牌的葵花籽油产品，竞争对手可能是整个葵花籽油的产品家族，如葵花籽油、葵花仁油、橄榄葵花油、山茶葵花籽油、葵花调和油、葵花菜籽油等产品，竞争难度可想而知。

以某传统山茶油市场为例。在该市场，一些本地品牌的山茶油和茶籽调和油卖得都不错。可是A品牌的茶籽油和C品牌的茶籽调和油却卖得一般。为什么？一个重要的原因就是茶籽油和茶籽调和油两个产品分属不同的品牌、由不同的品牌经理管理，两个品牌无法形成合力。

导致这些新问题产生的根源在于：产品之间的分界线并不是泾渭分明的，不能生硬地将它们分割开。比如说，花生油和花生调和油之间就有较强的替代关系，如果花生油价格提高了，原先花生油的消费者就可能转向消费花生调和油。反过来，如果消费者的收入提高了，原先花生调和油的消费者也可能转向消费花生油。**在小包装食用油行业有一个基本的营销规律：就是“纯油做形象、调和油做销量”**。也就是说，将大量的广告资源投入到某个单一油种上，如纯花生油、纯葵花籽油，将品牌产品的形象竖立起来，带动售价较低的花生调和油、葵花调和油的销量，依靠花生调和油、葵花调和油占据市场份额，收获利润。以产品为核心的营销管理体制，割裂了产品间的协作关系，不符合市场竞争的要求。

（三）品类管理

如何解决品牌管理和产品管理存在的问题呢？较科学的方法是将品牌产品管理模式演变为第三个阶段：品类管理模式。如表3－3所示。

表3－3　品类、品牌与产品的对应关系

品类	产品	品牌						
		A	B	C	D	E	F	G
山茶油	山茶油	√						
	茶籽调和油	√						
花生油	花生油	√	√	√				√
	花生调和油	√	√	√				
葵花籽油、玉米油	葵花籽油、玉米油	√					√	√
	葵花籽调和油	√					√	
调和油	调和油	√		√			√	√
大豆油、菜籽油	大豆油	√		√		√	√	√
	菜籽油	√		√	√		√	
	菜籽调和油			√			√	

品类管理要根据市场的需求灵活地划分产品线。比如，花生油和花生调和油都强调花生风味；葵花籽油和玉米油强调健康概念；调和油的市场销量大、利润高，应单独管理；豆油和菜籽油销量大、价格低，可合并管理。进一步来看，调和油、豆油和菜籽油也可以合并管理，它们的共同点都是以市场份额为重，而且豆油和菜籽油如果能获得调和油的利益支持，就可以有更好的价格竞争能力。

通过品类管理，可以将市场定位相近的产品线合并管理，既减少了各产品之间的冲突，又能最大限度地满足市场竞争的需要。单一品牌产品战略的优势是力量集中，缺点是无法满足不同层次的消费者的需求。多品牌产品战略则相反，能够用多个品牌和产品满足不同收入层次的消费者的需求，缺点是力量分散。只有实施品类管理，将各个品牌、产品切割成市场相近的品类，将营销资源整合分配及有效利用，多品牌产品的竞争优势才能充分发挥出来。

第4章

Chapter 4

小包装食用油的主要营销手法

一、差异化——小包装食用油营销的核心

（一）小包装食用油品牌的市场操作手法

走访的市场多了，感觉不少区域性专业品牌都喜欢用多产品的操作手法。比如包头的金鹿葵花籽油，在包头的一个超市里就有冷榨、原香、纯香、纯正特制、精制等八九个葵花籽油单品，产品等级从一级到四级的产品都有。皖南大平菜籽油，产品线囊括了小榨（四级）、纯正（四级）和菜籽油（二级、一级）四个品种的菜籽油。长沙的金浩茶籽油有五个茶籽调和油单品：茶籽橄榄油、茶籽花生油、茶籽玉米油、茶籽原香油、茶籽调和油。宁夏的各个胡麻油品牌也都有好几种胡麻油产品。有时全国性品牌在某个区域市场也会执行这一政策，比如福临门大豆油在东北就有八个豆油单品。这种在单一品类上推出多个产品的营销策略，我称之为“群殴”。

与之相对应的则是“单挑”。最典型的就是鲁花，仅凭压榨一级花生油一个产品就打遍天下无敌手。金龙鱼第二代调和油、多力葵花籽油虽然都有一些延伸产品，但主打产品重点突出且与延伸产品区别明显。这些品牌都可以视做“单挑”策略的执行者。

“群殴”策略的优点看起来很多：产品线宽，能满足不同的价位需求及风味需求，能增加货架陈列面，开展促销活动时几个产品能轮番上阵。可它有个致命的缺点，就是容易把消费者搞糊涂。我觉得很可能连卖油的人自己都不清楚这么多产品有什么区别。当消费者不知道该如何选择的时候，价格就成了最重要的指标，销量最大的产品往往是该品牌旗下最便宜的那款产品。这类区域性品牌在广告上的投入相对较少。

花生油产品有浓香花生油和特香花生油两个单品。一般都是浓香花生油的价格高，以鲁花花生油为标杆；特香花生油价格低，希望用低价提高销量。如果做广告，多半也是用在特香花生油上。因为特香花生油销量大。长此以往，浓香花生油不仅卖不动，还会给消费者留下这种印

象：浓香花生油要比特香花生油高档，结果把高端的浓香花生油市场让给了鲁花。

“单挑”策略的优点是产品定位清晰、广告集中。如果货架陈列面积不足怎么办？花钱买。价位不够宽怎么办？那就多上几个规格的产品。价格太高怎么办？那就告诉消费者，油好、用量少，其实更省钱。

总的来说，全国性品牌多搞“单挑”，区域性品牌倾向“群殴”。个人认为，“群殴”一定敌不过“单挑”。食用油其实没有太多的细分市场，毕竟它只是起到辅助烹饪的作用，多一点或少一点对菜肴味道的影响不大。凡是“群殴”策略得势的市场，多半是因为“单挑”者或多或少地犯了错误，才给“群殴”者留下一定的生存空间。说消费者对地产品牌的口味偏好根深蒂固那是假话，消费者最容易受广告影响了。“强龙”只要用合适的产品加上大把的钞票，没有砸不开的市场，再多的“地头蛇”蜂拥而上也没有用。

问题的关键在于“定位”。定位不是厂家想当然地对市场的切割，它存在于消费者心目中。在推出一个新产品之前，厂家要先想清楚：消费者会不会觉得你的这个产品与众不同。如果产品本身没什么特色，那就得想出一个概念让消费者“感觉”不同。**一个成功的食用油产品不外乎满足了两个条件：差异化产品＋强力推广。**差异化产品是前提，一个没有差异化的产品，再怎么“强力推广”也没有用。消费者不会认为你的产品越多就越专业，否则，像鲁花这样专做一个花生油产品的品牌早就被淘汰了。

（二）小包装食用油也要“跨线”

食用油行业属于传统行业，技术门槛很低。极端的例子，像全国各地都有的那种地下手工作坊，都能利用泔水生产出消费者甚至专家都很难分辨的“潲水油”。小包装食用油产品同质化程度非常高，经过脱胶、脱酸、脱水、脱臭、脱色、脱腊等六道工艺以后生产出来的一级油，很难吃出什么味道。这个行业除了一些抗氧化剂外不允许随意添加其他物质，大家的工艺谁也不比谁先进多少，做出来的产品其实差异性极小。

同质化严重的结果就是消费者对价格的敏感度很高。一般来说，市面上最好的豆油品牌和一般豆油品牌的差价在3元/5升左右，最好的花生油品牌和一般花生油品牌的差价在10元/5升左右。超过消费者的心理承受能力，品牌忠诚度就会大打折扣。消费者消费低价产品的时间长了，感觉品质和高价产品几乎没有什么区别，品牌忠诚度很快就会消失。这是小包装食用油市场在价格上进行低水平激烈竞争的重要原因之一。

郎咸平认为："食品行业的本质就是'跨线'。传统食品直接取自大自然，无需进行深加工。如果想在传统食品行业获得成功，厂商就必须增加产品的价值，把现代食品的方便性、特色和口味差异等优点运用到传统食品制造上。而对于营养价值不高，只追求方便性的现代食品而言，制造商要想获得成功，除了追求产品的方便性和特色之外，还要努力提升产品的品质，使其具有传统食品的营养价值。但是，由于科学技术的限制，成功的企业通常只靠广告营造其产品的营养感觉。"朗咸平的"跨线"论同样适用于食用油行业。

小包装食用油相对于散油来说，就是一次传统食品变身为现代食品的"跨线"。通过采用透明PET包装材料，小包装食用油在散油这一传统食品的制造工艺上强调现代食品的方便性。这里其实还有一定的拓展空间，比如使用抗紫外线透明包装保护食用油的品质。笔者在香港还见过一种像空气清新剂一样可以喷的小包装食用油，可以减少用量、便于上色且提高涂抹的均匀度。经济越发达，包装越小型化。如香港市场就习惯将六小支的小包装食用油串在一块同时售卖，这适合以小家庭为主、消费者讲究便利和清洁且不在乎在包装上多花点钱的市场。

更重要的工作是现代食品化身为传统食品的"跨线"。由于精炼程度高，小包装食用油在风味和营养上都不如散油，这就需要"跨线"了。在风味上"跨线"的方法有：在色拉油中加入花生油和芝麻油，变身为调和油后，会提升一定的风味，或者通过美食广告画面给消费者带来风味好的感觉。在风味上向传统"跨线"做得最好的应属古法小榨花生油，从概念、瓶型到包装，都让人觉得这是一个非常传统的食用油产品。相对来说，小包装食用油产品在营养上“跨线”的要多得多，毕竟营养不像风味那样能有比较直观的感觉、消费者容易被说服，比如，包装得像橄榄油一样的橄榄葵花油，只宣传坚果成分的坚果调和油，基本上可以说，小包装食用油产品的成功就等同于在“跨线”上的成功。

经常有一些朋友问我：“小包装食用油没有差异化，不做特价或者捆绑销售就卖不动，怎么办？”如上所述，小包装食用油在“安全”、“美味”、“健康”和“心理满足”等方面其实都还有很大的概念空间可供挖掘。食用油产品由于同质化严重而无法做营销。反过来说，如果真能推出差异化的产品，还是很容易赢得市场认可和取得成功的。

小包装食用油的差异化主要有三条路子：

（1）在调和油上做文章；

（2）使产品拥有更好的风味；

（3）添加营养素。

1∶1∶1调和油、5S压榨花生油和植物甾醇玉米油都是成功的营销案例。可是，上述三个产品的成功经验很难复制。除非你能拥有强大的研发能力开发出满足消费者需求的差异化产品，国内的食用油厂家大多数缺乏研发能力。其实，对中小企业来说，模仿也是一条创新之路。娃哈哈不就是靠模仿发展起来的吗？宗庆后每年有200天的时间都泡在市场上，大部分工作就是寻找可供模仿的、受消费者欢迎的新产品。不过，要模仿也得模仿得有水平，一定要比原创有一些改进，这样才能实现市场超越。市场上钙奶产品走俏，娃哈哈就推出了AD钙奶。金龙鱼添加10000PPM植物甾醇的玉米油卖得好，福临门就推出了13000PPM的新产品。所以说，模仿推出更优质、更高价的产品并不可耻，依赖低质、低价掠夺市场的抄袭才真正可耻。

案例3：过期的玉米调和油

2009年9月，深圳南山的吉之岛超市用过期的小包装食用油做快餐，被离职员工爆料，一时闹得沸沸扬扬。我不在乎吉之岛是否注意食品卫生，我在乎的是过期油是什么产品：H品牌玉米调和油。

问题是H品牌的玉米调和油为什么过期了？我理解H品牌为什么要卖玉米调和油，因为当年公司要推出葵花籽调和油等新产品时，我自己也动过卖玉米调和油的念头。玉米油在华南沿海地区很好卖，销量比葵花籽油大很多。你如果告诉南方人玉米油在北方经常比豆油还便宜，都没人相信。玉米在南方是健康食品，玉米油的身价自然也高。既然玉米油好卖，比它价格便宜的玉米调和油难道就没有市场吗？这种诱惑很难抗拒。

可是，玉米调和油还真就不好卖。玉米油的味道非常清淡，玉米调和油的配料应该以豆油为主，吃起来和纯玉米油差别不大（可能有一点豆腥味）。在健康概念上，玉米调和油和纯玉米油相比给人的感觉一定是大打折扣的。虽然事实上豆油的营养价值不比玉米油差，吃玉米油的人不差钱，价格打了折扣他不在乎，健康打了折扣他就不干了。H品牌玉米调和油即使在身上加个4：1的脂肪酸平衡标识也没有用。

葵花籽调和油与玉米调和油类似，销售很难有大的进展。从口味上说，消费者吃不出葵花籽调和油与葵花籽油有什么不同。从健康角度说，吃葵花籽油的消费者相对来说比较在乎健康，不愿意买在营养上打了折扣的葵花籽调和油产品。

花生调和油与玉米调和油、葵花籽调和油不同，它有一定的市场。由于花生油香味浓、价格高，不少消费者都会购买香味稍逊、价格适中的花生调和油产品。当然，花生调和油市场存在的前提是花生油和豆油之间有较大的差价。如果是花生油原料价格很低的年份，花生调和油的市场就会受挤压。橄榄调和油与花生调和油的情况有些类似。橄榄油的外观是黄中带绿的，风味上也有其显著的特色。橄榄油高昂的价格也给橄榄调和油留下了巨大的生存空间。茶籽调和油就做不到这一点，因为能接受茶籽油风味的人群有限，所以，除非是茶籽油的传统消费区，一般情况下茶籽调和油的市场不被看好。

二、要传统才够味

人们对食品的需求大致有三个层次。最基础的需求是“安全”，中间的需求是“营养”和“美味”，最高一层的需求是“心理满足”。食品安全是高压线，一触即死，最典型的是三鹿奶粉。小包装食用油属于居家消费品，能够给人带来的“心理满足”感相对较弱，而且这一功能是附着在第二层次功能上的。所以，小包装食用油产品的发展主要是中间层次的两大方向：“美味”以及由营养衍生而来的“健康”。

现代食品相对传统食品来说，包装较为完善、产品保质期长、食用较为便利，缺点是在健康和美味上有所欠缺。小包装食用油相对散油来说也有这个优缺点，因而，总是有不少消费者顽固地认为乡下农村的土榨菜籽油或土榨花生油要比小包装菜籽油或花生油香。相对于依靠舶来的现代工艺生产的小包装食用油来说，土榨油还蕴含一些中国传统文化的意味，可以给人带来情感上的依托。所以，农村亲戚带一桶油进城被认为是很好的礼物。

小包装食用油要想在“美味”上得分，就必须用“中国”、“传统”、“文化”、“天然”等元素，从工艺、包装、卖点等方面严严实实地把自己包装成一个原生态的产品。胡姬花古法小榨花生油是这一方面相当成功的营销案例。只在原料的新鲜、绿色和有机上做文章的产品都还停留在较低的竞争层次上，鲁花的产品素以风味著称，从花生油、葵花籽油到菜籽油，无一不是开盖即浓香扑鼻的；即使是坚果调和油、花生调和油，风味也好于一般的调和油产品。不过其品牌推广没有上升到文化层面。

业内人士认为，中国食品产业经历了三次浪潮：

第一次浪潮是“散装到包装”，即原生态传统食品、土特产的商品化。

第二次浪潮是“海外企业引导下的工业化”，即洋快餐、洋饮料、洋方便食品的大量涌现。

第三次浪潮是“经典食方、传统饮食的时尚回归”，即中国特色、中国元素、民族食品的复兴崛起。比如，近年来倍受风投青睐的“路边摊”食品，如真功夫快餐、周黑鸭、辣味鸭脖。

小包装食用油的发展也经历了这三次浪潮。

第一次浪潮是小包装食用油相对散油的崛起；

第二次浪潮是原本在海外流行的橄榄油、葵花籽油、玉米油等带着现代的、西方的、健康观念的高端油种的兴起；

第三次浪潮则是传统元素的应用、传统工艺的采用带来的传统风味的复兴浪潮。

小包装食用油产品的传统回归，最简单的做法是在瓶标设计上采用古代画面，如福临门家香味压榨纯香菜籽油采用了古代榨油的场景。高层次的做法是从产品包装到电视广告的品牌整合传播全部都采用中国传统元素全盘打造，如胡姬花特香花生油。最高层次的做法是通过重现传统小榨技艺精髓回归古代手工作坊打造出的浓郁油香，如胡姬花古法小榨花生油、鲤鱼浓香小榨菜籽油。只要是风味性的传统油种，如大豆油、菜籽油和芝麻油，都有在“越传统、越美味”这方面发展的潜质。

案例4：胡姬花古法小榨花生油——可被传承却难以超越

胡姬花古法小榨花生油是由世界五百强企业益海嘉里旗下的嘉里粮油（青岛）有限公司于2010年隆重推出的新产品。胡姬花古法小榨花生油只选产自青岛的上品花生，传承1918年古法小榨技艺精髓，故能重现难以超越的花生香。

山东青岛平度是全世界最好的花生产地之一，素有“花生之乡”的美称。胡姬花古法小榨花生油所用的花生原料只选山东青岛平度出产的上品花生，粒粒饱满、香味浓郁、营养丰富。胡姬花古法小榨花生油传承1918年古法技艺精髓，所用的花生原料按照古法经过烘炒并精控炒温，选取花生最佳产香温度，炒出难以超越的熟炒花生香；然后使用小榨机小批量压榨，只取初榨花生油精华，点滴珍贵；传承古代低温沉降的过滤方法，没有添加任何化学物质及其他杂质，滤得原始纯净的花生油醇香；最后，胡姬花古法小榨花生油按照古代储藏花生油的方法，严格控制储藏温度，避光贮存于阴凉及干燥处，花生原香持久不变。

可被传承却难以超越。自1918年建厂以来，一代代榨油大师口手相传榨油经验，精益求精，故能成就今天的胡姬花古法小榨花生油。而且，胡姬花古法小榨花生油是目前市面上唯一一款用小款工艺榨取的花生油。小榨工艺用料讲究、作业精细、产量稀少，非一般大规模生产的压榨工艺所能比拟，故能生产出古法小榨花生油这一不可多得的珍品，成就难以超越的花生天然醇香！胡姬花古法小榨花生油的产品包装古香古色，富有中国传统文化蕴味，是不可多得的团购、馈赠和家居精品。

经过一年多的市场推广，胡姬花古法小榨花生油受到花生油消费者的热情追捧。2012年1月，胡姬花古法小榨花生油创下单月销量纪录，达到去年同期销量的两倍。古法小榨花生油的优秀品质与出色推广大大提高了胡姬花品牌的声誉。2012年8月9日，中国质量协会公布了2012年度全国食用油行业消费者满意度的调查结果：在各大全国性品牌中，胡姬花在满意度、感知质量和感知价值三项关键指标上力挫其他知名品牌，均排在第一位。

三、添加营养素的健康概念营销

由于精炼工艺使营养损失，以及为了较长的保质期往往要添加一些抗氧化剂，在单一油种上，小包装食用油的“营养”和“健康”概念是不能和土榨油相比的。于是，用“现代”、“科技”、“世界性”等元素在“健康”概念上包装就成了小包装食用油的另一个发展方向。比较低层次的做法是用少量高端油种（如橄榄油、山茶油和花生油）与作为基料的低端油种（豆油、菜籽油、棕榈油）调和形成调和油。高层次的做法是在脂肪酸平衡的层面上做文章，如金龙鱼第二代调和油。最高层次的做法应该是营养物质的外添加。最早的成功案例应属强化维生素 A 的食用油，近期的成功案例有植物甾醇玉米油。相比而言，多油种的调和油、不同脂肪酸油种的调和油的发展空间都是有限的，只有营养强化食用油产品有着近乎无限的发展空间。

在小包装食用油里添加营养素，优点是可以宣传额外的营养功能，如果能被批准为保健食品，还能宣传保健功能。缺点则是需要解决以下难题：

（1）这种营养素能溶于油脂；

（2）在放置过程中营养素成分不会被降解；

（3）营养素能经受住烹调过程的高温；

（4）不影响食用口感；

（5）成本可控，消费者不可能用保健品的价格消费食用油。

添加营养素的小包装食用油有以下四种类别。

（一）中药入油

例如，湖南某厂家，往茶籽油、山苍籽油、核桃油中加入白参、丹参、白蔻、何首乌、白术、枸杞等中药材，做成保健食用油。该产品于 1998 年研制成功并于 2003 年 11 月获得国家发明专利，每年产值近亿元。虽然在宣传保健功能，但并未获得健字号的批号，其真实功效的可信度大打折扣。中药材中的多种成分难以溶入油脂，能否有效发挥药效让人怀疑。这一产品没有进入超市，以保健品的运作方式销售，知道的人很少。

（二）添加营养素的保健油

例如，多力推出过一款调节血脂的葵花籽油，有健字号，曾经在上海个别超市的油区里能买到。它的成分为葵花籽油、大蒜精油和维生素 E。大蒜精油有杀菌、降血脂、降血糖、护肝脏、抗衰老和降脂减肥六大功能，缺点是大蒜的味道很重、售价高、难以被大众接受。

2007年，番茄红素玉米胚芽油，一款新型保健食用油上市。该产品由南京中医药大学刘道鸣教授等科技人员研发，获得两项国家发明专利，并通过国家食品药品监督管理局审定，批准为保健型食用油。该产品每100ml含番茄红素12mg。番茄红素是一种重要的类胡萝卜素，人体不能合成，必须通过膳食补充，增加番茄红素摄入量可减少肿瘤发病率。番茄红素还是保健多面手，能延缓衰老，还能抑制胆固醇生成、保护血管。番茄只有经过油炒后，番茄红素才能被人体吸收，所以，适合将番茄红素添加到食用油中。由于定价高，500ml×2的礼盒装售价118元，不适合日常炒菜食用，市场影响力很小。

（三）抗氧化食品添加剂的健康概念

食用油产品最怕氧化，所以抗氧化的保鲜功能是小包装食用油差异化的发展方向之一。

（1）什么都不添加。口福在2007年以前曾宣称自己“从榨油做起，做新鲜的油，不添加化学抗氧化剂”。

（2）用维生素E做抗氧化剂。如金龙鱼AE食用油，在强化维生素A的同时，将维生素E也作为卖点。不少家庭主妇对有抗衰老、护肤功能的维生素E有较高的认知度。

（3）充氮保鲜。如多力葵花籽油。

（4）用茶多酚保鲜。如天天乐道的茶多酚芥花油。茶多酚是从茶叶中提取的天然物质，无任何副作用，能够解毒和抗辐射，对胃癌、肠癌等多种癌症的预防和辅助治疗均有益处，能防治心血管疾病，提高综合免疫能力，茶多酚也是一种强抗氧化剂。厂家一般都会利用自己的独特保鲜方式将自己的产品定位为健康食用油。

（四）强化营养物质的大众食用油产品

目前，在市面上销量最大的强化营养食用油产品是强化维生素A的小包装食用油。维生素A有五大生理功能：维持视觉、促进生长发育、维持上皮结构的完整与健全、加强免疫能力、清除自由基。其中，维生素A对视力的作用是最早被发现，也是被了解最多的功能。公元前3500年埃及人就发现某些食物能治疗夜盲症。维生素A类食用油没有特殊口感，而且是国际公认的营养强化食品，对缺乏维生素A的人群有很好的营养补充作用。其次，就是植物甾醇玉米油。此外，还有长寿花DHA玉米油、长寿花共轭亚油酸玉米油等产品。长寿花还曾研究过添加二十八烷醇或维生素D、维生素K等脂溶性维生素的玉米油产品。

要强调小包装食用油产品的健康概念，必须寻找能证明产品健康品质的权威机构。这类权威机构有三类：

第一类是能证明产品健康概念的营养或医学机构；

第二类是挑战自身极限的体育活动；

第三类是极端环境下的探险活动。

这里主要谈一下第三类。人类面临的最极端的自然环境有三种：航空、极地及高峰（深海影响力小，此处略去）。关于航天概念，有中国航天基金会和中国航天员科研训练中心两大系统，有广泛影响力的是中国航天基金会。2011年11月，中粮福临门正式成为中国航天事业合作伙伴，宣告十年战略合作拉开帷幕。其旗下藻油DHA调和油等三款产品荣获“中国航天专用产品”、“中国航天专用调和油”等称号。

有“中国航天员科研训练中心合作伙伴”称号的品牌并不多，如2006年6月28日，金丝猴企业成为中国航天员科研训练中心合作伙伴；2007年11月7日，北京铜牛集团成为研制航天内衣选定的唯一合作伙伴。

关于极地概念，2004年11月，中国极地研究中心指定上海良友海狮油脂实业有限公司的海狮系列食用油为国内首个“中国南北极考察特供产品”。国家海洋局极地考察办公室也可授权中国南极科考队员专用食品，今麦郎骨汤弹面于2004年12月被授予“中国南极科考队员专用面”。

关于高峰概念，则有优沃玉米油于2008年成为“中国登山队唯一专用油”及“北京2008圣火登顶珠峰指定食用油”。

案例5：金龙鱼植物甾醇玉米油——“胆固醇、我不怕”

随着中国人物质生活水平的快速提升，心血管问题成为影响我国居民健康的主要问题之一。根据相关统计显示，1998年，心血管致死在我国城市居民死亡原因中占77%，成为致死率第一的健康杀手。我国目前有近9亿人存在心血管疾病的隐忧，如不加以控制，到2030年，心血管患者将增加2000余万人，死亡人数将增加700多万，严重威胁国人健康。据世界心脏联盟分析预计，到2020年全球心血管病死亡率将增加50%，心肌梗死和脑卒中将从目前死因排行榜的第5位和第6位上升至第1位和第4位。

胆固醇水平增高是诱发心血管疾病的主要因素得到普遍认同。“植物甾醇”是一种能够有效降低胆固醇的天然活性物质，它的化学结构与胆固醇类似，可以通过抑制人体对胆固醇的吸收，起到降低坏胆固醇、预防心血管疾病的作用，也因此获得了“胆固醇天然克星”的称号。2007年，植物甾醇获得了卫生部“新资源食品”的认证。金龙鱼在2009年5月率先推动玉米油品类升级产品金龙鱼10000ppm植物甾醇玉米油，再次将食用油行业引入健康油新时代。

2009年11月19日，金龙鱼携手国内外医学界与营养学界，召开了“植物甾醇的油脂运用与心血管健康”国际研讨会。专家对于金龙鱼植物甾醇玉米油给出一致肯定，这使金龙鱼植物甾醇玉米油产品成功列入中华预防医学会健康金桥重点工程，成为行业内标杆性的健康食用油产品。2010年7月17日，金龙鱼植物甾醇玉米油在美国芝加哥获得美国科宁2010产品创新大奖。中国品牌在国际上获大奖，尤其是在植物甾醇领域，标志着金龙鱼的研发及新技术运用已与国际接轨，再一次奠定了金龙鱼植物甾醇玉米油在行业中的优势地位。2010年10月26日，金龙鱼植物甾醇玉米油荣誉支持中国医师协会营养医师专业委员会发起的“胆固醇教育计划”，旨在提高全民对胆固醇的关注，加强心血管健康的保护意识。

2011年8月20日，以“胆固醇、我不怕，畅享心健康”为主题的金龙鱼植物甾醇玉米油社区健身行系列活动正式启动。作为《功夫熊猫2》中国区食用油独家合作伙伴，金龙鱼充分运用了功夫熊猫形象，在全国各地展开了别开生面的健康推广秀。2011年11月8日，金龙鱼斥巨资与国际巨头巴斯夫集团联手，建成中国粮油行业首个国际性营养与健康联合研究院——丰益·巴斯夫营养与健康联合研究院。研究院第一期的研究课题就聚焦在“植物甾醇、植物甾醇玉米油与心血管健康”，包括临床试验及成果研讨会等。今后还会进行专项研讨及成果论证，真正实现将研究转化为生产力，从营养膳食领域为消费者提供更健康、更营养的产品。

四、把小包装食用油当作保健品销售

“对婴幼儿来说，有助于平衡新陈代谢，促进儿童神经系统、骨和大脑发育。对成年人来说，有助于防止动脉硬化、心脑血管疾病、糖尿病和消化系统失调等疾病。对老年人来说，对于骨质疏松有很好的预防作用，可以减缓细胞的衰退老化，从而延缓衰老。对女性来说，所含的多种营养成分对皮肤十分有益，是一种安全可靠的美容佳品。”

如果只看到上述广告词，我们会以为这是在推销某个保健品甚至是药品。这个产品看来相当神奇，几乎包治百病，不管男女老少都能从中受益。但是，这其实是S品牌冷榨原香花生油在2008年的一份单页广告上的宣传语。

像卖保健品一样卖小包装食用油，这个说法初看起来有点匪夷所思。事实上，保健品营销手法在小包装食用油行业中的应用非常普遍，上述的花生油广告并非特例。笔者搜集到一份某地中海橄榄油品牌的单页广告，广告词居然和上述的广告词几乎一模一样，也不知道是谁抄谁的？还有某葵花籽油的广告词：中老年人食用，调节血压、血脂，保护心脑血管，预防现代富贵病，延缓衰老。某玉米油的广告词：亚油酸是合成人体重要生理活性物质的原料，可降低血清胆固醇浓度和抑制血凝，防止动脉粥样硬化……

食用油是老百姓每天都要吃的大众日常消费品，怎么能和促进人体健康的功能性食品扯上关系呢？这确实是一个很有意思而且值得探讨的话题。

保健品为什么能在中国大行其道？这应该与中华民族的“食补”或“食疗”的优良传统有很大关系。自古以来，受老子和道教思想的影响，中国人很讲究养生。养生的一大内容就是从食物中获取滋养身体的营养元素。在此思想的影响下，世间几乎没有哪种食物不能列入保健品的范畴的。因为任何一种食物都有一定的营养成分，只要是营养素就必定对人体有特定的功能。理论上说，只要有适当的包装（包括产品外观的硬包装及产品概念的软包装），任何一种普通食品都可以当成保健品销售。

于是，营销手段在保健品销售中占有非常重要的地位。保健品在中国营销史上扮演了一个非常重要的角色。从“红桃K补血快”到“收礼只收脑白金”，无一不对中国营销界产生深远影响。

因此，小包装食用油行业使用保健品营销手法推广产品就不奇怪了。保健品营销成了玉米油、葵花籽油等新兴油种打击豆油、菜籽油等传统油种的利器。老百姓对吃了上千年的豆油、菜籽油太熟悉了，没人会把豆油、菜籽油当成保健品说事。但新兴油种不同，消费者认知度不高，其间大有文章可做。食用油也很容易成为食补概念的载体，人们每天都要吃东西，能有健康概念当然最好。中国人还有送礼的传统，食用油也是中国最实惠、最受欢迎的送礼佳品之一。

此外，小包装食用油和保健品的消费群体相当一致，都是将中老年人作为重点目标的消费群体。如此看来，小包装食用油要不向保健品学习营销方法，那才是怪事呢。据说，有的葵花籽油或玉米油品牌就比较偏爱那些做保健品出身的经销商。

当然，正规的厂家一般不会像上面提到的那些品牌厂家一样露骨地宣传保健功能。毕竟法律法规有诸多的限制，如《食品安全法》第四十八条规定“食品和食品添加剂的标签、说明书，不得含有虚假、夸大的内容，不得涉及疾病预防、治疗功能。生产者对标签、说明书上所载明的内容负责。”第五十四条规定“食品广告的内容应当真实合法，不得含有虚假、夸大的内容，不得涉及疾病预防、治疗功能。”GB7718－2011 预包装食品标签通则 3.6 款规定“不应标注或者暗示具有预防、治疗疾病作用的内容，非保健食品不得明示或者暗示具有保健作用。”

比如，优沃玉米胚芽油的攀登珠峰广告。我们见惯了各个小包装食用油产品代言人的漂亮脸蛋及精致的餐桌或厨房场景，乍一看一个胡子拉碴的壮汉抱着一桶油还真让人有点反应不过来。不过想一想优沃卖的其实不是油而是保健品就明白了。要宣传“强壮中国心”，当然非中国登山队队长王勇峰莫属了，谁的心脏有他的强啊！如图 4－1 所示。

图 4－1　王勇峰代言的优沃玉米油广告

需要强调的是，把小包装食用油当成保健品销售，意思是要借鉴保健品的某些营销手法，并不是说真的去卖保健油产品。或多或少拥有一些保健功能的小包装食用油产品，凡是采用保健品形式销售的，如调节血脂葵花籽油、蕃茄红素玉米油等产品，市场都很小；凡是当作食用油销售的，如植物甾醇玉米油、强化维生素 A 食用油等产品，都很成功。

以保健品形式销售，定价太高、消费群体有限、市场必定很窄，这和保健酒的市场有点类似。劲酒把保健酒当酒去卖，结果成功了。把保健酒当成保健品销售的，如鸿茅药酒、椰岛鹿龟酒和黄金酒等，都不成功。

案例6：多力葵花籽油——健康从心开始

世界心脏日是由世界心脏联盟于1999年设定的，为每年9月的最后一个星期日，其主题为“健康的心、快乐人生”。中国区世界心脏日组委会联合卫生部、中国疾控中心等相关机构，从2002年开始掀起一年一度全民心脏健康教育工作。2007年7月，世界心脏联盟与佳格集团在北京签署协议，多力葵花籽油正式成为第六届世界心脏日中国区合作伙伴。作为本届中国世界心脏日独家企业战略合作伙伴，多力葵花籽油不仅为世界心脏日的推广提供经费物资，还将通过自身的营销渠道和人员为本届世界心脏日的宣传、推广和服务提供支持。

为此，多力联手世界心脏协会在全国范围内发起一场大规模的“护心行动”。该活动的推广内容包括以下几方面。

启动阶段：佳格集团与世界心脏联盟战略合作的新闻发布会。

高潮阶段：多力葵花籽油＆世界心脏日百城护心大行动。内容有：多力活力护心操、健康心守则、健康知识普及和摄影比赛、绘画大赛、征文比赛。

提升阶段：世界心脏日嘉年华，包括健康家庭评选、有奖健康征文、健康大调查等。同时，多力葵花籽油的形象代言人，前奥运跳水冠军田亮也受邀成为本次活动的“护心大使”，利用其阳光、健康的形象为世界心脏日宣传。多力通过世界心脏日的宣传意图“唤起公众对心血管疾病及其危险因素的关注，使人人拥有健康的心，享受快乐人生”，以此暗示其葵花籽油产品的保健功效，建立了健康、公益的企业形象。

五、战略高度成就体育营销

乍一看，家庭主妇怎么会和体育场上浑汗如雨的运动健儿扯上关系呢？其实不然，小包装食用油行业搞体育营销的不少。

香满园2003年成为“中国女排专用食用油供应商”；金浩茶籽油和油中王于2005年12月荣获“世界杯羽毛球赛指定食用油”称号；优沃原生玉米胚芽油于2007年5月赞助奥运圣火登顶峰活动，被国家登山运动管理中心授予“北京2008圣火登顶珠峰指定食用油”和“中国登山队唯一专用食用油”；2009年西王玉米油成为第十一届全运会指定产品；2012年5月28日，中粮集团宣布成为中国奥委会、中国体育代表团2012~2019年合作伙伴。中粮此次签约涵盖了包括福临门在内的36个食品品牌，最热门的是“国家体育总局训练局运动员专用食用油”，先后参与的小包装食用油品牌有：2003年6月的红灯食用油，2005年3月的金世本香山茶油，2007年11月的金象食用油以及2011年11月的西王玉米油。

体育营销，就是以体育活动为载体推广自己的产品和品牌的一种市场营销活动。体育营销包括两个层面的内容。

（1）将体育本身作为产品营销。从一支球队和球队的运动员，到一场赛事、一次运动会，都可视为营销学意义上的产品，这个层面可以称之为“体育产业营销”。

（2）以体育赛事为载体进行的非体育产品的推广和品牌传播等营销现象。我们通常所说的体育营销是指这个层面。

相对于其他营销手段，体育营销有其独特的魅力。体育比赛以其观赏性、竞技性和游戏性的特点，成为全人类的盛典之一，也是最被广泛认同的人类活动，是一种世界性的语言。体育比赛有很高的公益性、公信力甚至政治性，能够激发个人情感，使消费者将自己与体育紧密地联系在一起。企业一旦抓住这种情感并且参与其中，就很容易争取到这部分消费者的支持。体育比赛沟通面广、针对性强，现场观众动辄成千上万，媒体受众更是不计其数，影响力极大。因而，体育营销堪称21世纪最有效的市场推广工具之一。

并不是所有的产品都适合做体育营销。体育营销是建立在赞助方、体育项目和观众的基础之上的，缺少任何一方都不能称其为成功的体育营销。体育营销需要围绕赞助活动开展，赞助能将运动项目形象与企业品牌形象有机结合起来，形成认知、产生兴趣、增强渴望直至顾客购买。运动项目的内涵转移到品牌上的效果强弱，取决于这些因素：运动项目与赞助品牌的关联度、运动项目对目标受众的吸引度、赞助品牌对运动项目的参与度、目标受众对赞助品牌付出努力的感知度等等。

所以，体育营销是一项投入大、周期长的系统工程。体育营销要求企业重新整合资源，将体育营销上升到企业战略的高度，让体育文化融入到产品中，让消费者与品牌的产生共鸣，在消费者心目中形成长期的特殊偏好，成为企业的一种竞争优势。

小包装食用油产品可分为“健康”与“风味”两大类别。做体育营销一般是“健康”类别的小包装食用油产品。这类小包装食用油产品希望通过赞助体育活动，让消费者认识到产品的“健康”内涵。

首先，能获得某项运动专用食用油称号，就意味着产品品质不仅是合格的、安全的，而且是健康的。运动员不可能挑选不健康、不安全的产品。

其次，赞助级别越高，就意味着产品品质越高，越有助于运动员获得高级别赛事的佳绩。

最后，小包装食用油产品在体育赞助中参与的程度越深，就越有助于消费者对体育赛事的好感移情到小包装食用油产品上。

多数小包装食用油品牌在体育营销上只是挂了个赞助的称号，在瓶标或挂标上简单地告知消费者，参与程度很低，市场影响力很小。也有的小品牌采用打擦边球的做法，如某玉米油品牌的“北京2008圣火登顶珠峰活动”，就是非奥运营销的一个案例。该品牌电视广告画面上的

“五环旗”，含有“奥运圣火”的广告语及“北京2008”的提法都和北京奥运会沾边。

香满园可以说是中国做体育营销最早的小包装食用油品牌。小包装食用油的目标消费群体是35~55岁的家庭主妇，这个年龄段的消费者正好大多经历了中国女排的辉煌期，对中国女排有着深厚的感情。香满园于2003年以很小的代价成为中国女排专用食用油供应商后，开展了行之有效的推广活动。在中国女排即将征战2004年雅典奥运会之时，香满园在女排训练基地隆重启动了主题为“心系雅典，香满园签名为奥运健儿加油”的“百城万人”全国大型活动。活动当天，2008位市民同时原地垫球30秒，同年11月，在南宁举办了“为中国女排喝彩、与健康同步”的中老年人气排球邀请赛。当年，中国女排获得奥运金牌，香满园的品牌影响力也水涨船高。

案例7：金龙鱼奥运与女排营销

金龙鱼在2006年同时成为“北京2008年奥运会独家食用油供应商”和“中国国家女子排球队主赞助商”后，并未就此止步。金龙鱼很快上了“加油篇”和“女排篇”两个版本的奥运广告，宣传“世界品质与13亿国人共享”，并且开展了一系列全国性的大型推广活动。

金龙鱼提出“为健康中国加油”的口号，在2007年与国家体育总局社体中心合作开展“牵手迎奥运、万人健步走”活动，覆盖全国23个城市。2008年初与中央电视台强档烹饪节目《天天饮食》、国家体育总局训练局联合打造“金龙鱼我为奥运献美食”的奥运特别节目，历时半年之久，在全国“北上广深”等十大美食魅力城市开展了全民奥运献美食之旅。经过激烈的角逐，共有30名选手登陆央视，金牌叉烧排骨等七道菜肴入选国家体育总局奥运大食堂。

金龙鱼不仅冠名在宁波北仑举行了2007年世界女排大奖赛总决赛，还创建了中国女排球迷网站，成立了中国女排球迷俱乐部，让中国女排球迷有了一个温馨的家。金龙鱼接着在全国范围内相继开展1:1:1三人排球赛、金龙鱼花生油美食奥运会活动，给广大消费者提供支持女排、参与奥运的平台。金龙鱼还在2011年成为深圳世界大学生运动会粮油独家供应商，启动以“金龙鱼U滋味，世界品味！”为题的大运营销推广计划，包括与央视《城市之间》栏目合办“金龙鱼大运争冠军”节目。

六、事业关联营销，让品牌与公益双赢

（一）事业关联营销的重要性

企业公民是企业为表达对人类、社区以及环境的尊重，做出符合道德及法律规范的发展策略，其核心就是在发展自己的同时不忘回馈社会，以显示高度的社会责任感。企业公民的经济、法律、伦理和公益等责任可被视为一个分层的金字塔。在最基本的水平上，所有公司都有赢利的经济责任，这样才能给投资的股东回报，为社会提供工作岗位并为经济发展贡献产品和服务。在经济责任之上，法律责任要求企业遵守法律，伦理责任要求企业有义务做正确、公正、公平的事情。在金字塔的顶部是人道主义的公益责任。与其他社会责任不同的是：公益责任不是企业必需的，但它和其他社会责任一样，提高了人们的福利，增进了公司与消费群体的友好关系。

无论公司的规模有多大，没有一家公司的资源足以使它驾驭涉及多方面的公益事业。那么，公司选择做何种公益事业的标准是什么呢？就是必须符合公司整体发展战略。公司发展战略一经确定，就要持续不断地传播。所有的传播动作包括公益活动，都以此为主线，保证公司品牌主题的统一性及连续性。绝大多数的公益项目针对公司的主要利益相关者——客户、员工、社区、政府官员或供应商，均以有意义的方式提升

公司的品牌形象。一般来说，大众消费品行业倾向于教育事业；零售行业倾向于社区服务事业；烟草行业倾向于体育运动；产品对环境造成一定污染的行业，像化妆品、电子产品和汽车行业，倾向于环保事业。

通过赞助、捐赠等公益手段对公司社会公众形象进行商业推广的营销方式，被称为事业关联营销。事业关联营销也被称为“善因营销”或“高尚目标市场推广运动”。公司将它们的产品与一个进行中的或短期的特别社会活动相联系，行为效果亲切自然、容易被接受。顾客们喜欢这种与公益事业相关的营销计划，在他们购买产品时使他们感觉良好且有一个附加理由，他们还可以用手中的选择权对公司的行为投票。营销人员喜欢事业关联营销则是因为它实质上是一种软广告，只不过其商业性及功利性不像硬广告那么明显。而且，公益活动的沟通对象面广量大、有针对性，有利于公司与目标对象进行有效地沟通，取得事半功倍的效果。设计出色的方案在促进销售的同时，为公司赢得了社会公众的认同与尊重。

2008年6月，多力葵花籽油与中国红十字基金会合作开展“2008天使阳光活动”，不仅开展了以“健康从心开始”为主题的爱“心”普及宣传和直接捐助活动，还发动了每销售一瓶食用油就捐出一角钱用于“天使阳光基金”的活动，以便对更多的先天性心脏病的贫困儿童进行救助。此外，多力还将与中国红十字基金会一起，优先免费救助汶川灾区的先天性心脏病儿童，为他们再次带来“心”的希望。

（二）事业关联营销的经典案例

每销售一件商品，就从中提取一定数额的金额用于捐款，这只是事业关联营销的初级阶段。事业关联营销的高级阶段，要求公司深度关注并参与解决社会问题。事业关联营销的经典案例是美国的丽诗加邦公司的反家庭暴力项目。

丽诗加邦是一家总部位于美国纽约的生产和销售服装、配饰和香水产品的公司，其产品通过遍布于世界的3万多个专卖店和零售机构销售。从1991年开始，丽诗加邦在防止和反对家庭暴力方面处于领导者地位，它的营销团队在保持这一项目核心目标和主题的前提下，通过每年推出的新角度和新创意保持项目的新鲜感，不断扩展其内涵和范围。

到2003年为止，丽诗加邦一共分发了50万本宣传册和9万多张海报给全美范围内的组织和个人使用。在整个项目的实施过程中，所有的媒体报道和公益广告获得的媒体印象总数为13亿人次，相当于1200万美元的广告价值。通过与反家庭暴力事业关联的营销活动，不仅使家庭暴力问题由一个原先属于家庭内部的私人的问题变成了一个社会问题，而且使丽诗加邦的社会尊重度和影响力大幅度攀升，加强和深化了丽诗加邦与其核心的女性客户之间的关系。该项目获得包括公关新闻白金奖在内的多项公关和营销业内奖项。

从丽诗加邦及其他著名的跨国公司的事业关联营销项目中获得的经验表明：

（1）公司应对推动解决某一社会问题做出真实、诚恳的承诺，并且长期保持关注。

雅芳视“关怀女性”为己任，在世界各地支持女性在经济、文化和体育等方面的发展。例如，1992年成立的“雅芳全球妇女健康基金会”，其下属机构“雅芳乳腺癌认识会”为乳腺癌的早期发现和教育提供了5500万美元，成为美国资助妇女对抗乳腺癌最大的资金提供商。

可口可乐在2000年就成立了公益事务部，全力负责公益项目的策划、实施和跟进工作。在可口可乐公益事务部的电脑里，存有捐建的52所希望小学的详细资料和信息并与28个装瓶厂紧密配合，一同为这些希望小学持续服务。

（2）事业关联营销项目应获得公司中最高领导层的支持和参与，并且寻找和获得相关专家的支持。

2003年11月9日，专程来京参加“跨国公司与公益事业高级论坛”的安利公司全球总裁德·狄维士说：“亲自而不是派代表参加公益事业论坛，是为了表明公司对公益事业的重视，也是为了在企业树立起重视公益事业的风气。对企业来说，做好公益事业最重要的是领导要亲自参与，不能只出钱、不动心。”

（3）在事业关联营销项目的开展过程中，要协调各种组织和力量开展活动，并承认它们的功劳。

宝洁在“点燃希望”、“成就梦想”等主题的捐资助学活动中，将沃尔玛、世纪联华、华润万家、苏果超市等零售商拉入自己的统一战线，从而使自己的营销影响力有效地渗透到了终端，让捐助希望工程这项公益活动的营销效应最大化。

2002年，丰益国际董事局主席郭孔丰提出要“建立国际一流的粮油企业”。2009年，当丰益国际跻身国际粮油企业前三甲，真正成为一家“国际一流粮油企业”时，郭孔丰觉得，有必要修改一下这个愿景。他希望把丰益国际建设成一家“理想的企业”。如果说“国际一流粮油企业”主要用商业上的成功来衡量，那么“理想的企业”的评判标准应该是公司是否对社会做了有意义的贡献，以及公司行为和公司员工是否受到社会的尊重。

近十年来，益海嘉里累计捐助1.99亿元，包括四川汶川地震捐助约2400多万元、捐助5153万元设立益海嘉里公益基金、出资6480多万元建设助学工程、出资1499多万元开展帮助贫困白内障患者的“复明工程”等。截至2011年7月共资助（含计划）建设24所益海学校、1家敬老院、2所儿童福利院项目、1所孤儿院、捐助（含计划）17268例贫困白内障患者手术。

宝洁进入中国约20年，在公益事业上累计捐款也不过1.5亿元，但在社会上产生的影响力却远远超过益海嘉里。益海嘉里的公益事业仅仅在一些报刊和网络上做过宣传，在集团公司内部和经销商范围内进行过捐款活动，所涉及的时间短暂、范围狭小，没有在社会上引起较大的反响。益海嘉里的企业文化决定了企业在公益事业上的作风很低调。

案例8：“爱的一斤米”微公益

互联网的发展大大地方便了动员消费者参与公益事业，事业关联营销因此也有了质的飞跃。2012年9月7日，彝良地震。8日，金龙鱼大米发起“十万火急赈灾行动”；9日20：30，经过十余小时的长途跋涉，5万斤包含金龙鱼对灾区人民关爱之情的大米，送抵灾区第一线。同时，金龙鱼大米发起为灾区儿童祈福的“爱的一斤米”活动，任何人于9月16日24时前，在新浪微博关注@金龙鱼大米微公益，转发微博并向灾区送出祝福，金龙鱼大米就将通过免费午餐基金继续向灾区儿童追加捐助一斤大米。至活动截止日，一共获得21281次的转发及11244次的评论，消费者广泛地赞誉和支持了该项公益活动。

七、危机公关，防患于未然

（一）危机公关的注意事项

在食品安全问题越来越受国人关注的今天，各种食品安全危机事件层出不穷。不可否认，这些食品安全危机事件有不少确实是食品质量出了大问题，如三鹿奶粉的“三聚氢胺”事件，但也有不少是由于媒体或消费者的误解引发的。比如说，2010年3月，媒体曾热播中国人一年吃掉300万吨地沟油，按此比例推算，中国人每吃10顿饭，就会碰到1餐地沟油。这条新闻引起国人极大的恐慌。

其实，做一个简单的推算就可以估计出中国地沟油的规模。2010年，中国大概消费2300万吨植物油。餐饮用油只占1/3，而且餐饮用油大部分被消费者吃掉，餐余垃圾里顶多只有10%。这些餐余垃圾也不可能100%回收，能回收一半就不错了。这样可以估算出中国一年顶多只能生产38万吨的地沟油，媒体称200万～300万吨地沟油过于夸张了。这些地沟油只会由地下黑作坊或不法小厂生产，上规模的油脂厂家绝不会染指生产地沟油的。但是，这样的不实报道对整个食用油行业的声誉产生了不良影响。所以，不论是企业本身出了质量事故，还是由于媒体和消费者的误解而“躺着中枪”，企业都需要通过危机公关及时引导舆论走向，从而化危为安。

如果等企业出现危机后，才想起危机管理，那可能只剩下“危机”，根本谈不上“管理”了。危机管理应该防患于未然，充分确认危机发生的原因，采取防范措施，将危机因子扼杀在摇篮里。同时，将危机管理技巧融入到日常职责和行动中去，建立预警机制，监测媒介动向并充分做好应对危机的决策、人员、物资等方面的准备。具体来说，包括以下内容。

（1）**建立公关部门及新闻发言人制度，对媒体统一口径。**对于新闻、软文和广告的发布采用严格管理措施。例如，只允许公关部门接待新闻媒体的采访，回答记者提问时要做到不评价竞争对手、不评价政府行为、不评价不是自己业务范畴的事务等。

（2）**与主流媒体建立立体的、长期的友好合作，建立自己的核心记者团，而不仅仅是广告上的业务关系。**企业要建立完善的媒体维护计划，通过定期的媒体高层、接口记者拜访和联谊与媒体加强沟通、增进感情。这样，既能让媒体自上而下地了解公司和产品，又能增进彼此的感情，为企业的大规模宣传活动奠定良好的基础。

一方面，媒体方面会在企业负面报道出现之前，及时反馈给公司，把危机扼杀在萌芽状态。

另一方面，在媒体组织专题报道时，会从正面的角度加强对企业的报道，大大提升企业的良性提及率。

如果平时只是依靠执行层面的人员与媒体沟通，远远不会达到预期的效果。要从多个层面（如企业高层与媒体高层之间、企业中层与媒体中层之间、企业执行层面与媒体接口记者之间）建立立体的、深厚的感情，只有这样才会有事半功倍的效果。

（3）建立完善的公司内部危机管理流程，对内部员工进行危机管理培训。例如，有记者采访公司的基层办事处和基层员工时，要做到热情接待并及时、准确、全面地将问题报告给公司相关部门处理，及时联系当地经销商，利用经销商各个方面的社会资源、力量解决危机。绝对不能抱着抵触的态度将媒体拒之门外。

在上述工作的基础上，一旦有危机发生就可以做出快速反应。在危机发生时应本着实事求是和人文关怀的原则从容应对，正视问题、解决问题、承担责任、知错就改，从而化险为夷。也就是说，企业应将危机的事前防范和准备、事中的快速反应和事后的恢复处理作为危机管理的一个系统工程规划与实施。只有这样，企业才能有效化解意外遭遇的公关危机。

（二）J品牌山茶油的危机公关失败案例

J品牌山茶油苯并芘超标事件，就是一个典型的危机公关失败案例。

早在2010年2月14日，J品牌茶籽油就被江苏省产品监督检验院检出苯并芘含量超标。2月18日，J品牌所在省市的质监局抽样检验J品牌库存茶籽油产品，查出9批次苯并芘含量超标，最高的超过国家标准限定值的3倍，企业自查结果最高超标6倍，这些批次涉及42吨产品。

随即，省质监局封存了问题产品22吨，J公司从仓库和市场上秘密召回问题产品11吨，但还有9吨产品在市场上并未被召回。8月中旬，网络上开始传出J品牌茶籽油苯并芘含量超标的消息，相关网页信息不断被删除。8月20日，J品牌在其网站刊登的声明中称本次网络的不实谣传“不排除是竞争对手的恶意炒作”。这样的声明态度强硬，并且把消费者的疑虑认为是竞争对手搅局，结果导致危机进一步加深。8月30日前后，上述问题终被多家权威媒体曝光。沉默了一天后，J品牌终于发表了“致消费者的致歉信”。随即，各大超市均将J品牌茶籽油不分批次全部下架。

J品牌将质量问题归因于浸出工艺上的技术问题，声称只有1%的产品是用浸出工艺生产的。J品牌的声明遭到业内多位油脂专家的反驳，他们一致认为：浸出工艺制油目前仍然是世界上先进、安全的技术，被广泛应用于植物油的制取。浸出工艺不会造成油脂中苯并芘超标，造成茶籽油苯并芘超标的原因主要有原料不当晾晒（如在沥青路面晾晒造成污染）、烘干（如烘干过程受到烟气污染）、炒籽时操作不当（如温度过高造成部分原料焦糊）等几种因素。J品牌又一次遭到质疑。

从最早发现产品质量有问题到最终被媒体曝光，其间有长达半年的时间。J品牌原本有足够的时间从容应对危机事件，如尽快对涉事产品公开追查和召回，以示对消费者生命和安全高度负责的态度；然后重新全面检查企业的生产工艺流程，确保同类事件不会再次发生；最后与相关政府部门合作，公开其他批次产品或新产品的抽检影印件，让消费者自己看其他批次产品或新产品的实际检查结果是否符合国家标准，以便让消费者放心购买J品牌的产品。这才是正确的面对问题、解决问题的态度和方式。

八、明星代言，锦上添花

2010年1月，西王玉米油与张国立、邓婕夫妇签约。同年9月，龙大花生油与年轻演员孙俪签约。还有金龙鱼花生油与凤凰卫视美女私房菜的主播沈星签约，福临门葵花籽油与前《天天饮食》主持人文怡签约。代言产品的品类及代言明星的职业分类，如表4－1所示。

表4－1　小包装食用油产品的明星代言人

品类	主持人	演员	其他
调和油	金龙鱼－吴小莉		
花生油	金龙鱼－沈星	龙大－孙俪 喜燕－牛莉	
葵花籽油	福临门－文怡	多力－蒋雯丽	多力－蔡琴、田亮
玉米油	长寿花－倪萍	西王－张国立、邓婕	
茶籽油	金浩－汪涵		

从中可以看出，有明星代言需求的小包装食用油产品有以下几个显著特点。

（1）集中在花生油、葵花籽油和玉米油这些高端油种上，高端油种利润相对较高，请得起明星做代言人。

（2）都是单一油种，产品同质化严重，找不到合适的卖点做宣传，找明星代言是没有办法的办法。

（3）年销量都在5万吨左右，不甘心居于二线品牌的江湖地位，力争进入小包装食用油品牌产品的第一阵营。

（4）多数是山东品牌，跟风心理严重，让人回想起当年山东白酒横扫央视标王的情景。

这些品牌选择的明星主要有两大类型：主持人和演员。演员除了孙俪外，都是家庭主妇型的。找主持人做代言看中的是其公信力，主持美食栏目的明星还能和产品的功能扯上关系，找演员代言就是看中其知名度和影响力。

有意思的是，除了定位美食专家、为花生油代言的沈星，其他明星都不像是会亲手拿着锅铲下厨的人。这大概是因为第二代调和油、玉米油和葵花籽油的产品宣传都注重“健康”的内涵，而不在意食用油本身最基础的做菜功能的缘故。据说吴小莉在接金龙鱼广告之前就声明绝对不会拿着勺子出现在灶台边，歌手蔡琴的“高贵成熟、大气优雅的温柔女人”形象与葵花籽油清香口味相契合；田亮健康的形象、阳光的气质，能够充分诠释多力葵花籽油营养健康的特质。

请明星代言的收获有多大？这就不太好评估了。

（1）一般来说，明星代言的成败，要看明星本身的影响力。如果明星的影响力不大，品牌在做广告时还得介绍一下这位明星是何许人，那就不知道是谁在帮谁代言了。

（2）要看在明星代言上的追加投入和持续时间。追加投入起码是代言费的10倍以上，有电视广告等多渠道的重金宣传，在至少3年以上的时间里持续传播，才能成功地让消费者将代言人和代言的产品联系起来。

（3）代言人与代言的产品应该在内涵、气质和功能等方面有很高的契合度，这点是最重要的。代言人要真正认同甚至喜爱他代言的产品，就像成龙代言霸王洗发水一样，两者都是中华民族的、传统文化的、国粹精华的代表，甚至在霸王洗发水被人恶意攻击时，成龙仍然能保持对霸王的信任，不离不弃，这样的代言才是真正成功的代言。

九、事件营销，借势或造势

（一）事件营销的注意事项

2002年11月，深圳餐饮界爆出一条大新闻。一些乌江活鱼店为了节约成本，没有将前面食客吃过的水煮鱼剩油倒掉，而是过滤处理后再煮鱼端给下一拨顾客食用。这样做不但很不卫生，而且反复使用过的剩油也会产生对人体有害的物质。这一消息在报纸上披露以后，大多数乌江活鱼店食客稀少、生意惨淡。在危机关头，深圳最早的一家乌江活鱼店在报纸上打出整版广告，声明："本店使用的向来都是嘉里粮油集团南海油脂工业（赤湾）有限公司生产的鲤鱼牌菜籽油"。这是很少见的、别的企业为益海嘉里产品做的广告，也是一次很好的事件营销机会。可是，当时益海嘉里却对此事件没有反应。

所谓事件营销，是指企业通过策划、组织和利用具有新闻价值、社会影响以及名人效应的事件，把自己和事件进行某种关联和捆绑，吸引媒体、社会团体和消费者的关注与参与，以求提高企业或产品的知名度、美誉度，树立良好的品牌形象，并最终促成产品或服务的销售手段和方式。简言之，事件营销就是通过新闻达到广告宣传的目的。事件营销可以比喻成一个杠杆，企业需要以新闻媒介为支点、以事件为杠杆，吸引广大消费者的关注。

（1）对企业而言，要明确自己想要达到的宣传目的，是促进产品销售、提高品牌美誉度还是仅仅想引起消费者的关注。

事件营销往往很难达到多个宣传目的，何况一些宣传目的是有冲突的。比如说，恒源祥的十二生肖奥运广告，由北京奥运会会徽和恒源祥商标组成的画面一直静止不动，画外音则从“恒源祥，北京奥运赞助商，鼠鼠鼠”，一直念到“恒源祥，北京奥运赞助商，猪猪猪”，将十二生肖轮番念过，简单的语调重复了12次。有不少看到这个广告的消费者都以为自己的电视出了故障。恒源祥“宁愿被骂也不能被忘记”，通过这种另类的宣传方式，在众多奥运赞助品牌中脱颖而出，达到了提高消费者关注度的目的。作为一个中国传统的、民族的品牌，恒源祥的事件营销，从长期来看，对品牌美誉度的影响是不利的。

（2）对媒体而言，它要考虑自身的超脱地位，不能让消费者觉得新闻变质成了拜金的工具。

影响力大的媒体对企业的事件营销都持谨慎的态度。例如，在2008年北京奥运会召开前夕，某品牌在某城市的大型广场路演活动现场，请了央视记者到场。可是，在新闻播出的时候，仅仅出现了很短的现场画面。记者只是从消费者积极运动迎奥运的角度进行了报道，并未提及任何企业、品牌、产品或活动的信息。当然，越是小地方的媒体，新闻自由度就越大。2007年，笔者在海南某城市操盘某品牌赞助的全国中学生沙滩排球锦标赛。对这个小城市来说，能举办全国性的赛事自然是一大新闻亮点，尽管只是中学生级别的。当地电视台和报纸对这次活动做了长篇连续报道，提高了该品牌在这个城市的影响力。

就目前的媒体发展态势来看，网络媒体在事件营销中的影响力越来越大。对于热点事件，网络具有传播成本低、传播速度快、覆盖面广的特点。最典型的案例就是“封杀王老吉（现改名“加多宝”）”。2008年汶川大地震，加多宝公司捐款1亿元后，只投入几十万元在网络上进行了“封杀王老吉”的炒作，号召广大消费者到超市扫空货架上的王老吉（现“加多宝”）凉茶。在加多宝公司捐款之后的3个小时之内，单是百度贴吧的发贴数就超过14万。这一事件营销极大地提升了王老吉（现“加多宝”）品牌的美誉度和产品销量。当年王老吉（现“加多宝”）销售额增长100%，突破了100亿元大关。

（3）对消费者而言，要考虑该事件营销是否符合消费者的价值观，是否会与消费者的道德底线相抵触。事件营销一定要务求真实、以善为本。

2000年夏季，富亚公司设计出一个“真猫真狗喝涂料”的活动，但是由于动物保护协会及新闻媒体的介入，活动险些泡汤，最后，活动以富亚公司总经理亲自喝下涂料进入高潮。据统计，全国近200多家媒体报道或转载了“富亚公司总经理喝涂料”的事件。北京电视台在评选2000年10月十大经济新闻中，“喝涂料”事件赫然跻身其中，与“悉尼奥运会”等事件并列。这次事件营销虽然给富亚公司带来了巨大的广告效应，但也警示了活动的策划者，千万不要为了事件的轰动效应挑战消费者的道德容忍底线。

（二）事件营销的操作手法

事件营销的具体操作手法有“借势”和“造势”两类。

“借势”指借助非常规的社会热点事件进行企业、品牌或产品的新闻炒作，达到降低成本、扩大影响的宣传目的。非常规的社会热点事件往往有较强的突发性，要求企业反应速度快，才能抓住新闻热点炒作。“借势”适用于经营管理机制比较灵活的民营企业。

“造势”指借助常规的社会热点，如名人、赛事、重大时事等，制造与企业、品牌或产品相关的事件，进行新闻炒作。这类事件需求企业预先进行大量的策划，需要投入较多的资金，还必须与媒介保持良好的关系才能达到新闻传播的目的。所以，“造势”适用于经营管理机制比较规范的外企或国企。就笔者自身经验来看，大公司的审批流程漫长、部门协调复杂、法律规范严格，很难做到成功的“借势”。而且，大公司也不缺广告投放的预算，与政府部门、行业组织和新闻媒介也容易保持良好的关系，更适合自己策划和组织“造势”。

益海嘉里还有一些比较好的“借势”事件营销。比如前文提到的乌江活鱼事件，在新闻媒体对乌江活鱼进行第二轮跟踪报道时，报纸上终于出现了鲤鱼品牌与部分正规经营的乌江活鱼店联名做的半版广告。2005年，韩剧《大长今》风靡亚洲，香满园食用油与《大长今》的光碟发行商联合推广，共同演绎中韩美食文化精髓。香满园策划了“看韩剧品香满园”、“品美味香满园、送精选韩曲大碟”等活动，在终端广泛布置大长今形象堆头，达到了宣传“美味”这一产品利益诉求的目的，取得了很好的品牌推广效果。近年来，益海嘉里较多采用“造势”策划，如2012年8月的金龙鱼1: 1: 1国家营养标签启动仪式等，“借势”策划基本上看不到了。

案例9：鲁花爱心暖蕉农

2009年11月，广西香蕉大丰收。但恰逢北方各地普降大雪，香蕉运不出去，价格直线下跌，价格最低时0.2元/斤。此事得到中央和广西自治区有关部门、社会各界、新闻媒体的高度重视。自治区办公室专门发出通知，倡导社会各界向蕉农伸出援手。鲁花南宁分公司联合各大超市发起爱心香蕉倡议活动，各大超市纷纷响应，在粮油区挂满“鲁花爱心香蕉”，在显要位置刊登爱心香蕉购买倡议海报。超市广播购买爱心香蕉倡议行动内容，在超市购买鲁花产品可以免费获得一份“爱心香蕉”。鲁花在超市路演活动中融入香蕉元素，开展品尝油炸香蕉、香蕉知识有奖问答、吃香蕉速度 PK 大赛、剥香蕉比赛等游戏活动。鲁花还到香蕉产地直接向蕉农采购香蕉。南宁电视台、《当代生活报》等当地主流媒体都对鲁花的爱心之举进行了专项的新闻报道。

第5章

Chapter 5

各油种市场的发展方向与营销方法

一、营养更健康——调和油

（一）调和油的产品分类

2009年6月，主营犀牛橄榄油的深圳市巨万阳光食品股份有限公司联合国家粮食局科学研究院，推出贝儿优婴幼儿配方食用油。该款调和油针对0.5～5岁的婴幼儿，选取亚麻籽油、紫苏油等四种非转基因有机原料，具有最适合婴幼儿成长发育的必需脂肪酸专利配比（α－亚麻酸与亚油酸的比例接近1∶4）。该产品原料取得我国和欧盟、美国、日本等多个国家和地区的五大权威机构的有机认证。该产品综合了调和油在原料和脂肪酸配比上的两大卖点，而且有明确的消费群体指向，产品设计也比较独特。

调和油又称调合油，它一般是将两种或两种以上成品植物油调配制成符合人体使用需要的油脂。资料显示，2011年我国食用调和油的产量达238万吨，占小包装食用油670万吨的36%。调和油在中国小包装食用油市场上为什么会取得巨大的成功呢？这是因为，源远流长的中国饮食文化，非常重视利用食用油的风味提升菜肴的香味。可是，相对于低等级的土榨油来说，小包装食用油每精炼一级油种都有一个致命的缺陷：随着精炼程度的提高而丧失了原本的风味。

在各个食用油油种当中，芝麻油和花生油的香味是最突出的，但同时芝麻油和花生油也是最贵的。为了兼得低成本和香味这两大消费者需求，以豆油、菜籽油为主，芝麻油、花生油为辅的调和油得以问世。而且，中国营养学会编著的《中国居民膳食指南》提到："单一油种的脂肪酸构成不同，营养特点也不同，因此应该经常更换烹调油的种类，食用多种植物油。"所以，调和油的成功是建立在它中等偏低的价格、适应中国消费者对油香的需求、讲究营养均衡搭配这三个因素之上的，因此成为小包装食用油市场上最受欢迎的油种。

市面上的单一油种屈指可数，常见的不过是豆油、棕榈油、菜籽油、花生油、玉米油、葵花籽油、山茶油和橄榄油，各厂家的加工水平差不多，做出来的油几乎没什么区别。但通过各油种不同比例的搭配，理论上可以打造出几乎是无穷概念的食用油产品，可以纵跨高、中、低不同的价位。这里既有代表食用油行业最先进的研发技术的产品，也有凭借棕榈油配方把价格做到比豆油还低的产品。市面上的调和油产品形形色色，但不外乎是如表5－1所示中的这些分类。

表5－1　调和油的产品分类

大类	细类	强调要素举例	产品举例
油料	强调一个较香的油种	花生香、茶籽香、菜籽香	花生香调和油、茶籽本香调和油、菜籽香调和油
	强调一个较贵的油种	深海鱼油、藻油、橄榄油、茶籽油、核桃油、花生油、葵籽油、玉米油	添加深海鱼油调和油、藻油DHA调和油、橄榄调和油、茶籽调和油、核桃调和油、花生调和油、葵花调和油、玉米调和油
	强调同风味属性的两个油种	花生＋芝麻	花生芝麻调和油
	强调健康属性的两个油种	橄榄＋茶籽、橄榄＋葵花、橄榄＋玉米、亚麻籽＋玉米	橄榄葵花油、橄榄玉米油、橄榄茶籽调和油、玉米亚麻籽油
	强调多油种的营养平衡概念	五合一、六合一	五合一调和油、5珍宝调和油

续表

大类	细类	强调要素举例	产品举例
原料营养	强调原料的类别属性	谷物、坚果、粗粮	谷物调和油、坚果调和油、双果油、粗粮营养调和油
	强调原料中的微量元素	维生素 E、植物甾醇、谷维素、角鲨烯、茶多酚	活力营养油、茶多酚调和油
脂肪酸	强调脂肪酸平衡	饱和脂肪酸：单不饱和脂肪酸与多不饱和脂肪酸的平衡、亚油酸与亚麻酸的平衡	1:1:1调和油、脂肪酸均衡调和油、4:1调和油
	强调亚麻酸	较多的欧密珈3脂肪酸	欧密珈3调和油
	强调不饱和脂肪酸	较多的单不饱和脂肪酸及多不饱和脂肪酸	高不饱和脂肪酸调和油

在这些类别中，个别产品被少数品牌牢牢占据，如1:1:1调和油、坚果调和油和天然谷物调和油等，多数产品在低价格竞争的陷阱中挣扎，但仍有不少产品还有很大的发展空间，有待发掘概念。

（二）调和油的市场推广策略

按照配料中高端油种所占的比例多少，调和油产品的市场推广策略可以分成以下五个类别。如表5－2所示。

表5－2　调和油的市场推广策略

类别	调和方式	高端油种大概占比	推广策略	举例
1	高－高	100%	宣传该产品的各种配料	多力橄榄葵花油、多力葵花调和油（早期配方）、鲁花坚果调和油（早期配方）
2	高－低	>10%	纯油带动调和油	鲁花花生调和油、金浩茶籽调和油

续表

类别	调和方式	高端油种大概占比	推广策略	举例
3	高－低	5% ~ 10%	宣传营养均衡	金龙鱼第二代调和油、香满园五合一、福临门脂肪酸均衡调和油
4	高－低		宣传配料的其他利益点	福临门天然谷物调和油、多力欧密伽 3 调和油
5	高－低	<5%	低价为主、口味其次	口福食用调和油

（1）第一类调和油，各配料油种都是高端油种，推广策略是宣传该产品的各种配料卖点。如多力橄榄葵花油的卖点“采用意大利冷榨橄榄油”，多力葵花调和油（早期配方）的卖点是“100% 非转基因”，鲁花坚果调和油（早期配方）的卖点是“核桃油、橄榄油、油茶籽油等多种配料的高营养食用油”。这类调和油的缺点是定价较高，很难有较大的销量，故多力葵花调和油和鲁花坚果调和油后期均改用豆油作为产品的主要成分。

（2）第二类调和油，以纯油带动调和油的发展。如鲁花花生油带动花生调和油的销量、金浩茶籽油带动茶籽调和油的销量。

（3）第三类调和油，宣传营养均衡概念。如金龙鱼第二代调和油、香满园五合一调和油、福临门脂肪酸均衡调和油等（俗称“九调”）。

（4）第四类调和油，宣传配料的其他利益点。如福临门天然谷物调和油含玉米、小麦、大米和大豆 4 种谷物；天天乐道的高不饱和脂肪酸调和油，宣传不饱和脂肪酸在 90% 以上，其中单不饱和脂肪酸高达 55%。

（5）第五类调和油，主要凭借低价格卖货，同时也宣传口味。

这五类调和油产品的高端油种占比分别从高到低排列（并不完全严格），价格也是从高到低排列的。做营销的人都知道，要给产品找个 USP——独特销售主张，调和油也不例外。

（1）第一类调和油，配料 100% 高端，可以理直气壮地说它的配料好。

（2）第二类调和油，配料中高端油种占比较高，可以宣传单一油种带动调和油的销量。

（3）第五类调和油，配料中高端占比在5%以下，可以宣传低价格。

（4）最麻烦的是第三、第四类调和油，高端油种占比不高不低，就得挖空心思给消费者一个“为什么要这样调”的合适的理由。

金龙鱼第二代调和油找到了一个脂肪酸平衡的强有力的理由，再加上巨额广告投入，获得了巨大的成功。相比之下，其他的一些调和油品牌之所以没有成功，就是因为其定位并没有被消费者认可。比如说，某品牌的高不饱和脂肪酸调和油，宣传其不饱和脂肪酸含量在90%以上，其中单不饱和脂肪酸在50%以上。可是，即便是最普通的菜籽油，其不饱和脂肪酸含量也能高达96%以上，其中单不饱和脂肪酸也在63%以上。相比之下，该品牌的高不饱和脂肪酸调和油并无优势。

由于调和油的国家标准尚不完善，为了降低成本，有的厂商降低花生油等高端油种的配比，同时大量增加豆油和棕榈油的分量。有的厂商甚至用花生香精冒充花生油作为调和油的配料。据悉，已讨论了长达8年之久的调和油强制性国家标准，已经由各部委通过，最终等待国家标准化管理委员会的批准，可能还无法于2012年内出台。国家标准规定的内容比较重要的有两条：一是如果以原料来命名，该原料必须是各油种中占比最大的，同时列明所占比例。二是如果以成分来命名，也要注明成分所占比例。这样可以帮助消费者根据产品标签上的标识选择购买产品。

第一个问题，国家标准没有明确说明如果对原料油使用泛称应该怎么办？比如坚果调和油、谷物调和油和粗粮调和油，是不是坚果油、谷物油或粗粮油的占比最大就可以了？这里又牵涉对“坚果”、“谷物”和“粗粮”的定义。

坚果的定义相对清晰一些，坚果一般分为两类：一是树坚果，包括杏仁、腰果、榛子、核桃等；二是种子，包括花生、葵花子、南瓜子、西瓜子等。但谷物的定义就有点含糊，谷物主要是指禾本科植物的种子，包括稻米、小麦、玉米等及其他杂粮，比如小米、黑米、荞麦、燕麦、薏仁米、高粱等。那么，大豆算不算“谷物”？中国古代有“五谷”之说，五谷即粟（稷）、豆（菽）、黍、麦、稻，大豆是五谷之一。粗粮的定义最宽泛，粗粮是相对我们平时吃的精米、白面等细粮而言的，主要包括谷类中的玉米、小米、紫米、高粱、燕麦、荞麦、麦麸以及各种干豆类，如黄豆、青豆、赤豆、绿豆等。

第二个问题，如果调和油只由两种油组成，那么可不可以用重名？国家标准上没有明说。拥有重名调和油最多的是多力，拥有橄榄葵花油、葵花花生油、山茶葵花籽油、葵花菜籽油等多个重名调和油产品。

由于调和油国家标准不完善，估计福临门的脂肪酸均衡调和油及天然谷物调和油、鲁花的坚果调和油、多力的葵花调和油系列产品，都不会受调和油国家标准多大冲击。受调和油国家标准冲击最大的，很可能是以大豆或菜籽为主料、只突出一种量少价高的原料的调和油，如花生调和油、葵花籽调和油等。

案例10：产品概念新颖的活力营养油

江西绿源注重研发，与全国重点大学——南昌大学建立了长期的产品研发合作项目。主要的合作成果是活力营养油。该产品着重不同油脂所含的微量活性成分的种类及含量，含有Y－谷麻酸、植物甾醇、维生素E、A－亚麻酸、茶多酚、角鲨烯6种营养素，“六大营养素、八道精炼工艺、不含人工抗氧化剂、富含不饱和脂肪酸”。

有意思的是，产品包装上还有两大段有关宋应星和《天工开物》的文字介绍：明朝末年，我国伟大的科学家宋应星归隐南昌府北乡，潜心钻研“家食之问”，撰写出了被誉为我国第一部百科全书的《天工开物》。在书中卷上（膏液）篇的《油品》条中，他详尽记录了胡麻、黄豆等16种植物油料，对之做出品位评定；在《法具》条中，主要介绍了“压榨法”和“水代法”这两种提取植物油的基本方法。宋应星一生康健，活到 80 岁。他的两个儿子也养得英姿秀爽，被呼为“双玉”焉。

在宋应星诞生420周年时，江西绿源油脂实业有限公司与南昌大学生命科学院教授根据《天工开物》记载，针对中国家庭烹饪习惯，潜心研究多年，精选油料、科学配方，研发出“活力营养油”！用于三餐烹饪，让身体活力充沛，生活更幸福！

该产品的瓶型独特、卖点新颖、瓶标设计也较清新，在南昌沃尔玛标价83元/桶（2009 年）。

二、香飘万家——花生油

（一）花生油的市场概况

国内外市场花生油品质较差（非洲花生黄曲霉素超标严重）、工艺差异（国内以压榨工艺为主、国外以浸出工艺为主）、数量少（国产花生油占全球产量的40%左右），进口替代较难，所以花生油原料来源局限于国产花生。

在过去的 10 年里，花生种植面积逐渐下降。21 世纪初大概在 500 万公顷左右，如今减少到了 440 万公顷，存在花生与玉米争地的问题。近年来，玉米价格大涨，种植花生的收益略好于玉米，但由于玉米种植和收获省时省力，花生收获时需人工拾果，农民弃花生种玉米的意愿增强。不过，花生亩产水平同期从不到 200 公斤/亩提高到 230 公斤/亩，部分弥补了花生种植面积下降带来的影响。

中国每年的花生总产量并没有减少多少，10 年才少了约 100 万吨。但是，花生用于榨油的比例却下降了许多。20 世纪 80 年代，中国的花生有 64% 用于榨油；到了 20 世纪 90 年代，就只有 58% 用于榨油；如今，这个比例已经跌到 42% 左右。花生蛋白有较高的营养价值，如果将花生用于榨油，花生粕只能拿去做饲料。将花生加工成食品，可以比榨油获得更高的附加值。中国的花生食品产业的发展水平较低，以花生仁的粗加工为主，花生饮料、花生酱等深加工食品所占的比例很低。随着花生食品产业的发展，花生用于榨油的比例越来越低。

2011年，花生油厂失去了花生收购定价权，在与花生食品厂争夺原料中处于劣势。花生油的产量越少，价格越高。可以拿豆油和花生油的差价做个对比。2003年，花生油与豆油的差价大概是2000元/吨，2009年差价6000~7000元/吨已是平常事。花生是劳动密集型产品，中国一向有花生或花生油产品出口，最近几年形势逆转，中国进口的花生油越来越多。2008年进口20726吨，2010年和2011年分别是68458吨和61150吨，这说明了国产花生油的价格竞争优势大幅度减弱了。从长期来看，花生油行情总体呈上升趋势。如表5-3所示。

表5-3　2000~2011年中国花生油的产量变化

年份	种植面积（万公顷）	亩产（公斤/亩）	花生产量（万吨）	榨油花生百分比	榨油花生用量（万吨）	花生油产量（万吨）
	②	②=③/①×1000/15	③	④=⑤/③	⑤	⑥=⑤×32%
2000年	485.6	198	1443.7	46%	659.7	211.1
2001年	501.6	192	1442.0	46%	663.4	212.3
2002年	492.1	203	1495.0	46%	689.1	220.5
2003年	505.7	198	1505.0	43%	649.7	207.9
2004年	474.6	201	1431.0	46%	659.7	211.1
2005年	466.3	210	1470.0	45%	654.7	209.5
2006年	457.1	201	1380.0	41%	561.3	179.6
2007年	394.5	237	1400.0	40%	561.3	179.6
2008年	444.5	225	1500.0	43%	640.0	204.8
2009年	437.7	224	1470.8	39%	570.9	182.7
2010年	430.0	227	1461.0	38%	555.2	177.7
2011年	446.3	225	1504.8	38%	571.8	183.0

（二）花生油价格行情变化

2010年4月，市场花生油行情在14000元/吨，鲁花在京津等地区市场坚守89.9元/桶的价位，其他省市的零售价格均高于90元/桶，个别市场还出现了高于100元/桶的价格。2012年9月，市场花生油行情上涨到23000元/吨，鲁花花生油价位普遍为145.9~159.9元/5升。不到一年半的时间，涨幅高达2/3。预计到2015年，中国的花生油产量仅有167万吨，2020年为152万吨，花生油行业将成为夕阳产业。2011年，笔者曾预估2015年的花生油原料成本可能是24000元/吨，这样一来普通花生油要卖到145元/5升才行。实际形势发展得更快，2011年底花生油最高就曾涨到24000元/吨，2012年9月维持在21500元/吨左右。

花生油作为中国最主流的、地域性走弱的风味性油种，有着很坚实的一部分消费群体，他们不会受价格和健康概念的影响。随着居民收入水平的提高，也会让花生油增加一部分高收入的消费群体。但是，花生油越来越贵，还是会导致部分对价格较敏感的消费者向花生调和油或调和油等产品转移。一般来说，年轻人对风味的偏好较淡，较为重视健康概念，玉米油等健康油种的快速成长也会夺去一部分消费者。

既然花生油越来越贵，花生油总量在萎缩，那为什么还有不少厂家坚持做花生油呢？原因很简单，那就是花生油的怡人风味使它比一般的油种具有更高的溢价能力。以鲁花为例，2011年的利税再创新高，达到10亿元，占集团销售收入的10%。

利润与风险并存，让我们回顾一下2008~2011年花生油价格行情的变化。如图5-1所示。

我们看到，在过去三年里，花生油的价格行情变化频率高、幅度大，这给花生油生产厂家带来了巨大的经营风险。和豆油、菜籽油等大宗油料不同，花生油及花生产品无期货市场，这使得花生油厂家无法规避原料价格变动的风险，花生油厂家深受价格变动风险的困扰。做花生油产品就像赌博，赌对了，赶在花生油价格高时清理库存，然后在价格下降时囤货，就能狠赚上一笔。龙大、喜燕在2007~2008年就是这么发展起来的，但同期也有不少看错行情的小厂家破产。对于鲁花这样的大厂家来说，无论花生油行情如何，它都得保证有一定的库存。当花生油行情下跌时，鲁花就会陷入困境，给其他品牌让出发展空间；花生油行情上涨时，鲁花就会崛起，其他品牌的厂家日子就不好过了。

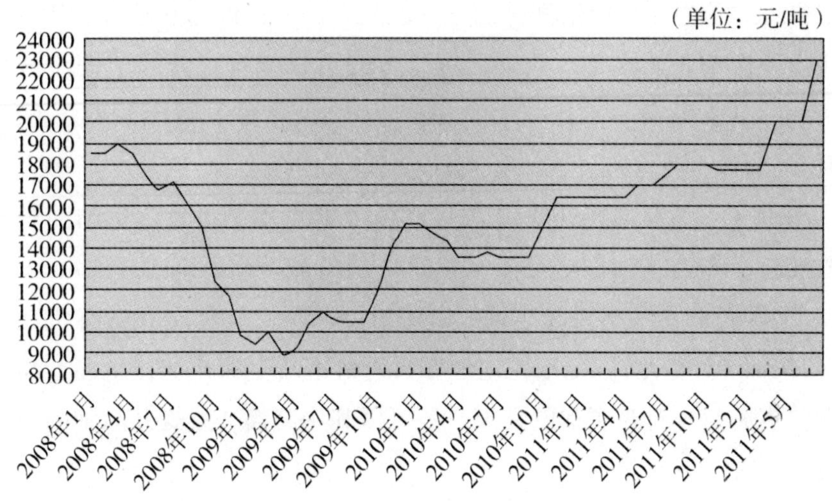

图5－1　2008～2011年中国花生油价格行情变化

注：数据来源于中国粮油信息网

2008年花生油意外大丰收，花生油价格由7月的17000元/吨跌到10月的11800元/吨，2009年4月达到9000元/吨的低谷，这是那两年鲁花销量困难的主要原因。随着对2009年花生歉收的预期，花生油价格开始上涨。鲁花采取较为灵活的收购政策，在当时收购了不少低价花生。随后，在新花生上市前的8月份，花生油价格上涨到10500元/吨。在2009年末的最后几个月里，花生油价格暴涨至15000元/吨。鲁花凭借庞大的低价库存压低零售价，拉近与其他品牌的花生油的价格距离。在北京市场，鲁花当时的零售价是89.9元/5升，与福临门花生油相同，仅比龙大花生油高出4元，这么小的差价让其他花生油品牌生存艰难。

中国的农民都是靠天吃饭的，今年花生价格贵了，明年他就多种一些，反之则少种一些。所以，中国的花生产量一两年就要涨跌一次。从

2009年到现在，花生已经连续涨了三年，但很难说2012年10月新花生上市后花生价格会不会下跌。如果想把花生油市场做好，花生油厂家就一定要有对花生原料价格涨跌的把控能力。例如，鲁花通过直接与各地的花生种植专业大户签订收购合同，不仅可以减少中间环节的流通成本，还可以取得第一手的丰歉数据，以对行情变动做出相对准确的判断。

2010年可谓是高档花生油元年，几个主要的小包装花生油品牌都相继推出了高档花生油产品。比如第一坊的花生胚芽油（750ml售78元）、胡姬花的古法小榨花生油（1.918L售75元）和龙大的有机花生油（750ml售58元）。鉴于花生油原料行情不断上涨，把花生油产品卖得贵些不失为应对高成本的良策，还可以利用高档产品提升品牌的整体形象。

案例11：喜燕花生油的成功之道

山东小包装食用油市场强手如林，前有鲁花、金龙鱼和胡姬花三大品牌鼎足而立，后有玉米油的西王和长寿花、调和油的美食客和天下五谷的奋起直追，其中，喜燕是近年来的一匹黑马。能在山东这样一个传统的花生油市场中脱颖而出，除了抓住行情获得成本优势及拥有较强的团队执行力外，喜燕在品牌上也有其成功之处。

产品质量是品牌建设的基础。喜燕花生油的花生原料取自素有“齐鲁粮仓、油料大市”美誉的青岛平度，通过破碎、蒸胚、炒胚、压榨后进入速冻凝香工艺，迅速降低花生油的温度，锁住花生油浓香精华，再经宣纸层层过滤净化，灌装出厂。喜燕在品牌形象上做文章，2008年，凭借《闯关东》一举成名的牛莉，正式与喜燕品牌食用油签订形象代言协议。不可否认，牛莉成功上位2010年春晚说明她是前景远大的“潜力股”，她可以帮助喜燕在消费者心目中占据一席之地。

都说喜燕是做花生油的品牌，其实它的产品线很广，还有调和油、玉米油和大豆油等产品。在调和油产品线中，包括了橄榄花生调和油、花生调和油、食用调和油、五合一芝麻调和油等诸多产品。其中，玉米油和橄榄花生调和油做得还是很用心的，牛莉为这两个产品专门配合了一个气质较为高雅的形象。调和油产品是喜燕的销量和利润来源。据估计，调和油产品的销量在喜燕的产品线中的比例应该不低于30%，这比其他的主要花生油品牌要高出许多，喜燕的玉米油产品保持了较高的定价，给喜燕带来了可观的利润。

三、异军突起——玉米油

2012年7月5日，中粮福临门黄金产地发布的玉米油超大型包楼广告，作为标志性地标隆重亮相广州中水广场，强烈的视觉冲击力令广州市民叹为观止。该广告总面积达到14623.6平方米，有望问鼎全世界最大食用油广告这一吉尼斯世界纪录。如图5-2所示。

图5-2　福临门玉米油广州中水广场广告

（一）玉米油的市场概况

玉米油也叫玉米胚芽油、粟米油，它是从玉米胚芽中提取的油，是玉米综合加工成淀粉糖或乙醇的副产品。玉米油是一种高品质的食用植物油，含有86%的不饱和脂肪酸，其中亚油酸含量高达56%，容易被人体吸收。玉米油还含有丰富的维生素 E 以及类固醇等营养物质，有防止衰老的功效，可降低人体内胆固醇含量。玉米出油率很低，一瓶 5L 的玉米油要耗费 60 万 ~ 80 万个玉米胚芽。玉米油的脂肪酸由于在甘三酯中呈规则性排列，因此结构稳定，适合深度煎炸，与其他食用油相比产生的油烟少，对厨房环境危害极小。

2011 年，全球玉米总产量合计 8.59 亿吨，产量最高的国家和地区依次是美国、中国、欧盟、巴西和阿根廷。美国是世界最大的玉米生产国，2011 年产量达到 3.14 亿吨，占全球总产量的 37%，较 2010 年下降了两个百分点。中国是第二大玉米生产国，2011 年产量为 1.9 亿吨，占全球总产量的 22%。中国玉米播种面积和产量连年增加，2011 年分别为 3343 万公顷和 19175 万吨，增长率分别为 19% 和 30%，增长的主要原因是玉米种植效益好于大豆。以黑龙江为例，2010 年种植玉米每亩收益在 240 元以上，而大豆仅为 104 元。2011 年中国玉米播种面积较上年增加 93 万公顷，而同期大豆播种面积则减少了 87 万公顷。充足的原料供应为食用玉米油市场的增长提供了坚实的基础。

2010 年，全球玉米出口量合计 9016 万吨。美国是最大的玉米出口国，年出口量达 4763 万吨，占全球出口量的 53%。虽然国内玉米丰收，但供需仍然紧张，2011 年中国进口了 400 万吨的玉米。农业部的十二五规划要求玉米自主率为 100%，所以国家今后还会以发展国内玉米种植为主，预计进口玉米数量不会大幅增加。

由于生物柴油的发展，美国玉米深加工比例目前达到 50% ~ 60%。美国是玉米油产量和出口量最多的国家，2008 年玉米油产量 120 万吨，占全美食用油产量的 10%，其国内消费量仅次于大豆油。2011 年，中国玉米供应 58% 用于饲料，8% 用于粮食消费，用于深加工的比例为 29%，2001 年时中国玉米深加工的比例还只有 11%。这 10 年玉米深加工快速增长的原因是：白糖价格大涨拉动玉米淀粉糖的快速增长；造纸、纺织和食品行业对变性淀粉需求的增长；白酒行业发展带动了食用酒精增长，燃料酒精也在稳步增长；玉米油、玉米粕和玉米纤维等副产品的利润较好等等。国家为了保障粮食安全，严格限制玉米深加工的发展。2011 年中国玉米毛油理论上最高产量为 165 万吨，这也是中国食用玉米油增长的极限值。山东和吉林是中国玉米深加工最主要的两个省，也是玉米油的主要供应地。如图 5－3 所示。

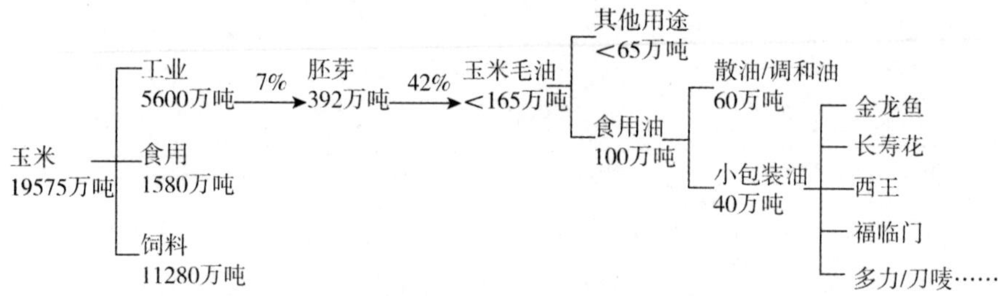

图 5－3　玉米油产业链（以 2011 年数据为例）

2011 年，中国食用玉米油生产突破 100 万吨。其中，散油及用于调和油的比例约 60%，小包装玉米油约 40%。最近几年，在西王和长寿花的带动下，小包装玉米油市场增长迅猛，基本上以每年 10 万吨的速度迅速增长。五年前，小包装玉米油市场份额与葵花油相当，目前已经是葵花油市场份额的两倍，小包装玉米油的市场集中度也在提高。如表 5－4 所示。

表 5－4　2008～2011 年中国小包装玉米油市场发展

年度	西王	长寿花金银花	福临门	小包装玉米油市场容量	前四大品牌市场占比	食用玉米油供应	小包装食用油占比
				①		②	③＝①/②
2008 年	0.4	1.0	0.9	10	64%	85.6	12%
2009 年	1.8	2.2	2.4	20	65%	86.2	23%
2010 年	4.6	3.6	3.0	30	68%	93.1	32%
2011 年	8.8	9.1	3.6	40	86%	100.0	40%
2012 年（1－6 月）	4.5	5.5					

注：西王数据来源于公司年报，福临门数据来源于网络搜集，小包装玉米油市场容量为个人评估判断所得。

（二）小包装玉米油为什么能异军突起

（1）**原料充足。**食用油是一个资源主导型行业，玉米产量的增长及玉米深加工的发展，为玉米油提供了充足的原料。而且，玉米油原料全部国产，受国外进口油料价格涨跌的影响小，市场风险要低很多。

玉米油的价格行情与葵花籽油差不多，比豆油高1000元/吨左右。如2012年7月中旬，山东邹平一级玉米油10600元/吨，内蒙古一级葵花籽油10400元/吨，天津豆油9400元/吨。但玉米油由于竞争激烈，终端零售价格一般要比葵花籽油低10元/5升，这有助于小包装玉米油扩大市场份额。

（2）**玉米油广告量大，保健功能被消费者认可。**小包装玉米油的广告投放总额由2008年的6千万元增长到2011年的7亿元（刊例价）。其中，西王以2.5亿元领先，长寿花以2.3亿元紧追其后。

以前，只有南方地区偏好玉米油的清淡口味并认同其健康概念。在山东、吉林等玉米油主产区，消费者对玉米油的评价不高，认为玉米是做饲料用的，不是传统油料作物，也没有消费玉米油的习惯。曾经，玉米油价格贱过豆油，还被不法商贩掺入散装豆油中售卖。经过西王、金龙鱼等品牌对玉米油“关注心脑血管健康”、“健康心选择”等概念的推广，消费者开始接受玉米油是一种对身体健康有益的食用油的观点。

（3）**各大品牌均重视玉米油产业，在玉米油行业投入大量资金，推动小包装玉米油的发展。**2009年12月18日，长寿花在港交所上市。2010年2月，西王借壳金德发展上市。长寿花和西王均通过股市融得发展所需的资金，迅速提高产能、大量投放广告、开展全国营销布局。福临门也大大提高了对小包装玉米油的重视程度。福临门的“产业链、好产品”及上海世博会广告均以植物甾醇玉米油为核心产品，而不用传统的谷物调和油。福临门新推出黄金产地玉米油的概念，自2011年7月开始也大幅提高了玉米油的广告投放力度，当年广告投放量达到1.4亿元（刊例价），是去年的10倍。

（4）**玉米油的行业领导品牌尚未尘埃落定，市场格局尚未成熟。**

2004年多力凭借巨额广告费在葵花籽油市场上崛起时，业内人士均看好玉米油领域，认为玉米油迟早会像葵花籽油一样有多力这样的专业领导品牌。当时，金龙鱼虽然在小包装玉米油市场占据一半的市场份额，但消费者广泛认为金龙鱼是调和油的第一品牌。

在消费者的心智空间里还没有玉米油的领导品牌。而且，西王做玉米油有产业链优势，西王集团目前共拥有240万吨玉米深加工能力，按照7%的玉米出胚率，理论上可以为公司提供约16.8万吨胚芽，实际供应量占公司压榨量的30%～40%。金龙鱼和福临门均需向外采购玉米油。2010年，金龙鱼和福临门分别是西王和三星散装玉米油排名第一的客户。随着近几年玉米油生产销售企业的增加，玉米胚芽市场成为完全的卖方市场，关联方的胚芽供应保证了西王原料的稳定供应，有利于西王的稳定发展。

西王和长寿花都提出了打造玉米油第一品牌的口号，但是，小包装食用油市场是个赢家通吃的市场，排名第一的品牌能够占据很大的竞争优势，这导致目前小包装玉米油的市场竞争异常激烈。

案例12：西王玉米油的崛起与疑问

西王玉米油从2008年的4400吨销量，到2012年上半年的4.54万吨销量，4年增长了20倍，市场份额提高到2011年的22%。西王营销靠得是“高广告＋强终端＋大促销”的组织模式，西王2009～2012年上半年投入广告5.6亿（刊例价）。

西王在重点市场的超市显著位置投放形象堆头，西王玉米油的产品定价一般要高过其他品牌玉米油，但通过普遍的小油捆绑将产品实际价格降下来。一般品牌最多捆绑900ml小油，西王捆绑的是1L小油。高定价是为了树立产品的高端形象，捆绑1L小油是为了迎合消费者心理。旺季时取消捆绑销售，高定价又有利于开拓团购市场，西王的营销模式可说是深谙中国消费者的心理。

西王2010年请张国立、邓婕夫妇做产品的形象代言人，2012年推出伦敦奥运广告，宣传西王玉米油为“国家体育总局训练局备战伦敦奥运会运动员保障专用油”，在全国市场陆续开展“冠军厨房、油我保障”为主题的促销活动。西王2011年制定了“188”市场布局方案，已建立起以山东为核心市场，北京、江苏、浙江等八个一级市场和四川、安徽、福建等八个二级市场的辐射全国的终端品牌销售网络。西王最重要的市场在华东地区，业务占比为61%，玉米油消费最重要的华南地区，也是金龙鱼玉米油的大本营，在西王总收入中的业务占比仅为6%。西王玉米油2012年上半年的销售毛利率为28.6%，高过长寿花的18%。

但是，西王的发展也存在较大的疑问。

（1）**西王集团将西王上市公司变成了提款机。**据西王2012年半年财报披露，在2012年上半年内，西王集团总计向西王上市公司借款5.84亿元。从2011年下半年至2012年6月，上市公司为控股股东提供多笔资金用于资金周转，西王集团日均资金占用额约为4000万元，西王原计划的玉米油扩建项目也因此推迟。

（2）**投入产出比下降。**西王2010年投入费用为（包括销售、管理和财务三项费用）1.1亿元，得到归属上市股东利润0.84亿元，投入产出比为76%。2011年投入费用2.8亿元，得到归属上市股东利润1.1亿元，投入产出比仅有39%。2012年上半年的投入产出比下滑为22%。

（3）**西王宣称要打造成玉米油领域的鲁花，但鲁花的成功模式是不可复制的。**鲁花花生油香味浓郁，与一般的花生油产品有明显的区别，玉米油和葵花籽油产品的同质化严重。当年多力大做葵花籽油广告时，其他葵花籽油品牌的销量也跟着水涨船高，如今西王也在为整个玉米油品类的成长做贡献。西王在三年半的时间里，比长寿花和金龙鱼分别多投放了8千万元和3.7亿元的广告费（刊例价），但西王小包装玉米油及精炼玉米油2012年上半年的销量各比长寿花少9000吨，与金龙鱼玉米油相比差距就更大了。

四、金色海洋——葵花籽油

（一）葵花籽油的市场概况

鲁花葵花仁油是三级油，颜色较深、风味浓郁，宣称“剥壳、去皮、压榨”。由于牢牢占据了风味葵花油市场，鲁花的葵花仁油的定价比一般葵花油至少要高 10 元/5 升，曾经有过高 20 元/5 升的情况。

葵花籽油是一种高品质的中性食用油。葵花籽油中脂肪酸的构成因气候条件的影响，寒冷地区生产的葵花籽油含油酸和亚油酸在 15% 和 70% 左右；温暖地区生产的葵花籽油含油酸和亚油酸在 65% 和 20% 左右。葵花籽油的人体消化率为 96.5%，它含有丰富的亚油酸，有显著的降低胆固醇、防止血管硬化和预防冠心病的作用。另外，葵花籽油中生理活性最强的 α－生育酚的含量比一般植物油高，而且亚油酸含量与维生素 E 含量的比例比较均衡，便于人体吸收。葵花籽油的天然维生素 E 的含量在所有主要植物油中最高。葵花籽油清淡透明、烹饪时可以保留天然食品风味，它的烟点也很高，可以免除油烟对人体的危害。

葵花籽油在世界范围内的消费量在所有植物油中排在棕榈油、豆油和菜籽油之后，居第四位。全球葵花籽油产量稳定在 1000 万～1200 万吨之间，葵花籽油是欧洲国家重要的食用油品种之一。国际上许多国家和地区，如台湾、香港、日本、韩国的葵花籽油消费比例高达 70%。中国的葵花籽油产量 2004 年时是 40 万吨左右，2008 年以后已增长到 50 万吨以上，随着葵花籽油产量的增长，在 21 世纪的第一个十年，葵花籽油消费增长也比较迅猛。与其他国家的葵花籽主要用来榨油不同，中国的葵花籽有 35%～40% 的比例用于直接食用。葵花籽的食用用途不如花生广泛，所以葵花籽用于制成副食品的比例并未增长，未出现食品厂与油厂争原料的问题。

中国加入WTO时，国内葵花籽油价格与国际市场较接近，因此进口市场的放开并不会给我国葵花籽油市场带来冲击。2008年以后，国内葵花籽及葵花籽油的产量增加，但葵花籽油的成本却降不下来。主要原因是葵花籽油的主产区内蒙古和新疆，如果因为油葵种植面积扩大、产量提高等因素导致葵花籽油价格低迷，当地政府会大量收储葵花籽油保护葵农的利益。

2010年11月，第五届国际油脂油料大会召开，会上称“葵花籽油是唯一一个出现非常严重的需求缩水的油类油料。需求缩小不是配给的原因造成的，而是完全被其他油料替代了。”在国际市场上，葵花籽油受豆油、菜籽油等低价油种的冲击很大，导致价格下跌，这样一来，国产葵花籽油就受进口葵花籽油的冲击。2009年我国进口葵花籽油数量激增，进口成本较低是主要原因；12月进口均价801美元/吨，折合6838元/吨，低于当月豆油838美元/吨的进口价格及844美元/吨的菜籽油价格。2009~2011年，中国分别进口了15万吨、13万吨和7万吨的葵花籽油，中国也因此相继成为阿根廷和乌克兰葵花籽油的最大进口国。

相比之下，花生油由于难以进口替代，每年进口花生油最多不过6万吨。花生油的成本在2011年9月为19000元/吨，与去年同期不到14000元/吨相比，暴涨了不止5000元/吨。葵花籽油的价格已经国际化，成本上涨也在一定程度上得到缓解，2011年与去年相比不过涨了2000多元而已。

（二）葵花籽油容易被替代消费

葵花籽油还面临替代消费的问题。花生油由于风味独特，对消费者有很强的黏性。吃惯花生油的消费者，品类忠诚度很高，即使花生油价格上涨不少，也很难转化为其他油种的消费者。葵花籽油则不同，葵花籽油的脂肪酸构成、清淡风味及健康概念都与玉米油极为相近，两者的替代性较强。2006年以前，两者的市场份额很接近；到了2011年，玉米油的市场份额却是葵花籽油的两倍多。

由于玉米油的原料来源于玉米的深加工，中国又是玉米种植大国，玉米油资源理论上可以达到几百万吨。2011年玉米油的产量已经突破了100万吨，大概是葵花籽油产量的两倍。而且，西王、长寿花和福临门等多个拥有玉米油资源优势的品牌都在热炒玉米油，不惜“高广告+低价格”来夺取市场份额，竞争的结果就是把玉米油的价格降下来。2012年，从原料供应价格来看，葵花籽油一般要低于玉米油，但零售市场上小包装玉米油却比葵花籽油低10元/5升左右。

多力曾经在短时间内通过大力度广告及卓有成效的营销手段建立起专业葵花籽油的品牌形象。但是，多力原料成本没有优势，零售价格在2011年8月曾一次暴涨20元/瓶，既不被市场接受，也没有竞品跟涨。2009年，金龙鱼葵花籽油率先大做900ml的捆绑装冲击市场，如今几乎到了不捆不卖的地步，极大地压缩了葵花籽油产品的利润。多力做的捆绑橄榄葵花籽油的促销活动，只有400ml，不免相形见绌。多力葵花籽油在小包装葵花籽油品类中所占的市场份额最多时也只有1/3，优势很小。

多力的电视广告投入大幅下降。2011年电视广告投放4000万元（刊例价），同期对比下降67%，力度明显减弱，而且主要只在省台、市台投放。多力连代言人也不请了，2011年6月以后，从产品包装、堆头形象到报纸广告上都没有了蒋雯丽的微笑，取而代之的是四平八稳的“十大保证、健康又放心”。

多力在葵花籽油市场上止步不前，希望在调和油市场上能有新的突破。可是“葵花花生油”和“5珍宝调和油”两个调和油产品，经过这一两年来的大力推广，2011年停止了电视广告。2012年上半年推出黄金3益葵花籽油新产品，并为之大幅增加了广告投放资金，达到4989万元（刊例价）。黄金3益葵花油宣称“精选非转基因葵仁籽，采用多力特有的食用油压榨工艺与创新技术，含有Omega3、Omega6、Omega9等88%不饱和脂肪酸，更保留葵花籽中珍贵的3元素：磷脂、叶黄素与活性α维生素E”。该产品前景如何，尚有待市场证实。

五、液体黄金——橄榄油

（一）橄榄油的市场概况

橄榄油是从新鲜油橄榄果实中通过冷榨方法加工提取的一种天然、营养的高档食用植物油。橄榄油中含55%～83%的油酸、3.5%～21%的亚油酸和0.3%～1.5%的亚麻酸，油中的饱和脂肪酸（15%）、单不饱脂肪酸（75%）和多不饱和脂肪酸（10%）构成比例最接近营养学家推荐的理想模式1：6：1，其中的ω3脂肪酸（2%）和ω6脂肪酸（8%）配比也符合营养学家推荐的理想模式1：4。另外，橄榄油中还含有人体所必需的A、D、E、K等脂溶性维生素和其他营养物质，因而橄榄油被冠以“人类最理想的营养保健油”、“液体黄金”等美誉。虽然价格昂贵，多在60～180元/升之间，是中国市场中端食用油价格的5～10倍，但很受高端消费者欢迎。

油橄榄原产地是地中海沿岸国家，目前全球橄榄油总产量在260～280万吨，约占全球食用植物油市场的3%，其中以西班牙、意大利、希腊等国的橄榄油最有名，生产历史也最悠久。西班牙作为世界第一大橄榄油生产国和出口国，素有“橄榄油王国”之称。地中海沿岸国家橄榄油的总产量占全球总产量的90%，仅西班牙就占全球总产量的50%左右。中国从20世纪60年代开始，相继在甘肃、四川和云南等地区引进种植油橄榄，市场上也能见到“绿升”等少量国产橄榄油品牌，但由于数量少、成本高等原因，还很难形成气候。

国外橄榄油20世纪90年代末进入中国市场。2004年，外国品牌橄榄油开拓中国消费市场的力度明显加大，我国橄榄油进口量连年增长。据海关总署最新数据显示，1998年，中国进口的各类橄榄油只有150吨左右、2004年跃升至2700吨、2008年突破万吨、2011年达到32898吨，相比于2002年605吨的进口量，10年内橄榄油年进口量增长了近55倍。如表5－5所示。

表5－5 中国2001～2011年橄榄油进口量

年份	2001	2002	2003	2004	2005	2006	2007	2008	2009	2010	2011
进口量（吨）	392	605	883	2700	3900	6000	8039	11152	14000	21225	32898
增长率		54%	46%	206%	44%	54%	34%	39%	26%	52%	55%

西班牙、意大利和希腊是我国目前主要的橄榄油进口来源国。2011年，我国进口西班牙橄榄油19424吨，占比59%；进口意大利橄榄油8002吨，占比24%；进口希腊橄榄油1918吨，占比6%。西班牙进口量连续三年稳居行业第一，而且所占份额不断扩大。

由于橄榄油价格高，中国消费者对这一外来品种认识有限，原先橄榄油市场上存在名称混乱、以次充好、生产日期不明等诸多问题。2009年10月1日《橄榄油、油橄榄果渣油》国家标准正式实施，明确规定油橄榄果渣油不能算是橄榄油，进口分装产品在标注分装日期的同时必须标注原产国生产日期。果渣油是一种从油橄榄果渣中获得的油脂，和初榨橄榄油的进口差价超过一倍。橄榄油国家标准颁布以后，大大规范了橄榄油市场。2002年，初榨橄榄油仅占橄榄油进口总量的17%，而2011年初榨橄榄油占比已经达到92%，成为橄榄油行业的绝对主流。

（二）橄榄油市场的竞争形式

随便走进一家大卖场就可以看到，豆油、菜籽油等低端油种的品牌数量一般有2～3个，玉米油、葵花籽油等中高端油种的品牌数量有4～5个，而橄榄油的品牌数量多达8～9个甚至十多个。目前中国市场各类橄榄油品牌总数超过60个，可见橄榄油市场还有待洗牌。以前，中国消费者对白叶、阿格利司等品牌的橄榄油认知度较高，随着全国食用油行业巨头益海嘉里、中粮和鲁花等厂家进入橄榄油市场后，凭借雄厚的实力、高超的营销手段和完善的销售网络，很快后来居上。奥利塔丽亚、奥尼等品牌凭低价冲击市场于2011年迅速上量。

橄榄油产品在中国消费者当中已经有广泛的认知度和美誉度，但品牌忠诚度还有待提高。相比国外成熟市场，橄榄油在中国的零售价普遍较高，中国的橄榄油市场还处于初级阶段。

在小包装橄榄油的市场竞争中，存在着原产区竞争、国外原装和进口分装的竞争、超市进口区和国产区的竞争、贸易模式和品牌模式的竞争、渠道竞争、产品品质概念引导竞争等多种竞争形式。

原产区竞争，像西班牙橄榄油品牌强调安达卢西亚地区是西班牙乃至世界上最大的橄榄油产区，具有悠久的油橄榄种植历史，被人称为“上帝亲吻过的土地”；进口品牌强调在国外原产地灌装，主要在进口区高价销售；分装品牌则因为进口原油后在中国港口分装而节约运输成本，在国产区以适中价格销售。

在模式竞争上，贸易模式凭借超低价格在卖场大量、快速倾销产品；品牌模式则通过终端建设步步为营。橄榄油通过团购、商超、专卖等渠道销售，近年来又引发电视购物、网络购物和餐饮酒店等渠道的竞争。

在产品品质概念引导上，主要是橄榄油酸度值之争。欧盟和中国的标准都规定酸度值≤0.8才是最好的橄榄油，即特级初榨橄榄油。一些品牌说酸度值越低产品越好，其实不然。随着时间、光照、温度等储存条件的变化，橄榄油产品的酸度会逐渐增加，除非在里面添加了精炼橄榄油。橄榄油精炼以后，品质非常稳定，酸度控制可以做得非常好，但是与特级初榨橄榄油相比，很多营养成分特别是抗氧化物的部分就流失掉了。

六、皇家供品——山茶油

（一）山茶油的功效

山茶油是从我国南方山区特有的食用油资源——油茶籽提炼出来的一种高营养价值的食用油。山茶油的凝固点低，易被人体消化吸收，能降低胆固醇，抑制和预防冠心病、高血压等心脑血管疾病。山茶油碘价低，故易于贮藏、不易变质。山茶油独有帮助产妇产后修复的功效，民间素有“坐月子、吃茶籽油”的说法。虽说山茶油素有“东方橄榄油”之称，其实它的营养价值比橄榄油还要高。

中国疾病预防控制中心营养与食品安全所对茶籽油和橄榄油进行的对比研究表明，茶籽油与橄榄油的成分尽管有相似之处，但茶籽油的食疗双重功能实际上优于橄榄油，也优于其他任何油种。茶籽油中的不饱和脂肪酸高达85%～97%（橄榄油则是75%～90%），在各种食用油中最高。茶籽油中含有橄榄油所没有的特定生理活性物质茶多酚和山茶甙，能有效改善心脑血管疾病、降低胆固醇和空腹血糖、抑止甘油三脂的升高，对抑制癌细胞也有明显的功效。同时，茶籽油的分子结构比橄榄油还要细，所以食用不油腻。山茶油还特别适合用于医药用原料、化妆品原料，如打吊针时擦的消毒液里就含有山茶油，可减缓血液凝固速度；山茶油还可以润滑皮肤，是防晒霜、精油等化妆品不错的原料。

（二）山茶油的市场概况

1. 山茶油市场推广不力

据统计，全球茶籽油产量的90%以上来自中国，国外仅日本、泰国、越南等国少量栽培。中国很早就开始栽种油茶，至今已有2000多年历史，它生长在中国南方亚热带湿润气候地区的天然无污染的高山及丘陵地带，目前主要产区是湖南、浙江、江西、广西和安徽等南方地区，湖南省的茶籽油产量占全国产量的一半。除南方部分地区居民有茶籽油消费习惯外，多数消费者对茶籽油的认知度低、市场尚待培育、推广成本较高。

20世纪80年代，中国油茶栽培面积曾达6000多万亩，茶籽油产量约30万吨，主产区茶籽油产量占食用油的产量一半以上。然而，由于长期以来缺少优良新品种、经营管理不善、初次投入较高以及认识不足、缺乏政策扶持等原因，中国油茶产业一直没有发展起来。随着油菜、大豆、花生等油料作物的迅猛发展，茶籽油的市场份额逐渐下降，面积和产量也逐步萎缩，最近几年才有所回升。目前，我国的油茶种植面积大约为4531万亩，年产油茶籽100多万吨，可压榨茶籽油徘徊在

26万~29万吨之间，年产值约111亿元。

全世界橄榄油的产销量已达280万吨，而品质超过橄榄油的茶籽油2011年全国总产量才28.8万吨，精炼茶籽油8万吨。橄榄油的产地只在地中海一带，但其销售市场却遍布全球；而茶籽油产地广泛分布在中国，却难以迈出乡村进入城市。橄榄油的用途不仅是食用，还是化妆品美容领域的基础用油，而拥有更多疗效的茶籽油尚在食用领域应用。世界上最大的橄榄油公司销量为20万吨/年，而中国最大的茶籽油企业规模还不到1万吨/年。在文化内涵上，绿色的橄榄枝已成为世界和平的象征，而茶籽油却不为人知。

2. 山茶油没有形成强势产业

为什么山茶油产量上升缓慢，至今还不能形成强势产业呢？主要问题是资源不足、产量不高，平均亩产量只有6公斤，这使得油茶加工企业原料短缺，难以形成大规模的产业化开发。产量低则是因为优良品种及先进技术的推广力度不够、资金投入不足和初级产品价格不合理。

在我国现有的油茶林，绝大多数还是低产林、品种混杂老化、经营管理粗放，大多仍停留在“人种天养”或“天种天养”的状态。受林业用地限制，油茶不可能大量增加种植面积，要想大幅度提高油茶产量，只能提高单产量。油茶林是经济林，只有高投入才能有高产出。据测算，建设1亩高标准的油茶林投资需1200多元，采用高冠换枝方式建设，每亩也需投入800多元，油茶林从投入到初产，最少也要四年。这四年中不但没有收入，还要不断投入管理费用，一般农民承受不了、也接受不了。还有一个不容忽视的原因，就是目前初级产品价格太低，油茶种植者微利甚至无利可图。2元左右/斤的茶籽，对于每亩十几斤产量的低产油茶林，其价值还不够采摘的人工费用。油茶有大小年之分，一般小年产量只有大年一半左右，不少农民在小年对每亩不足十斤的茶籽只好放弃采摘，这对原本就紧缺的资源来说无疑是雪上加霜。

2005年，从茶农那里收购的毛油才10元/斤，和菜籽油的行情差不多。2009年，收购价涨至20元/斤，2010年涨至30元/斤。市场火爆的背后，除了消费者对山茶油需求量的增加以外，更重要的是山茶油的产量不高。

2009 年，国家发改委、国家林业局等三部委下发《全国油茶产业发展规划（2009～2020 年）》，提出的我国茶籽油产业总体发展目标是：到 2020 年，力争使我国茶籽油种植总规模达到 7000 万亩，更新、嫁接和新造茶籽油林，年亩产茶籽油达 40 公斤以上，全国茶籽油产量达到 250 万吨，形成相对完备的油茶产、供、销产业链条，逐步形成资源相对充足、利用水平高、产出效益显著的油茶产业发展格局。但是，油茶树没有七八年，根本挂不了果。10 年时间，油茶树才能进入产量高峰期。即便是新品种的油茶，要进入成熟期也要五六年。所以，尽管全国各地现在都将山茶油产业当做热门产业来抓，但是，至少五六年内，这一产业的产量没办法有质的突破。

小包装山茶油的全国年产量原本是 1 万多吨，由于成本上涨，2012 年长期保持在 5 万元/吨，导致市场容量下滑。山茶油做得较大的有金浩、金龙鱼、润心和绿海等几个品牌，在消费者的心目中，橄榄油的价值要高于山茶油。近几年，山茶油的零售价已经超过了橄榄油。2012 年 9 月，欧丽薇兰 3L 铁罐装特级初榨橄榄油在超市零售价为 288 元，而金浩 3L 半透明 PET 装低温压榨山茶油的零售价为 298 元。橄榄油销量的迅速增长对山茶油的市场带来很大冲击。

（三）山茶油的品牌推广

金龙鱼在山茶油产品上做了较多的品牌推广工作。前期针对母婴群体推广山茶油的“月子油”概念，如 2008 年的“关爱孕产妇，赢在起跑线”活动；后期调整为针对老年群体推广山茶油的养生概念，如 2010 年的宣传核心为“中华养生臻品、孝敬长辈好礼”，在杭州开展“中华养生臻品、金牌四世同堂”活动……

金浩前期推广“源自深山的木本植物油，贵得有理由”，2011 年改为“吃好油、全家好”，品牌定位都不是很清晰。金浩主要还是依靠量大且集中的广告。金浩从 2006 年开始大幅增加广告投入，从 2006～2011 年 6 年累计投入 2.9 亿元（刊例价）。金浩主要做电视广告投放，主要在湖南省投放广告，2006～2008年、2010年在央视投放了少量广告。金浩的广告投放在2008年和2010年出现两个低谷，前者是受金融危机影响，后者则是当年危机事件所致。2011年后，广告投放力度大幅增加。

金浩的销量主要来自茶籽调和油产品。2006年，其13000吨的小包装食用油总销量，据估计纯茶籽油仅占15%。笔者曾在2007年8月走访长沙市场时对各品牌的茶籽油、茶籽调和油产品状况做了记录，详见表5－6所示。

表5－6　长沙主要茶籽油、茶籽调和油产品明细

品类	品牌	产品	配方	5L装价格（元）			金浩促销
				黄兴沃尔玛	迎宾路通程万惠店	黄兴平和堂	
茶籽油	金浩	茶籽油（冷榨）		–	238	–	
		茶籽油		199.9	199	189	堆头、绑小油
	金拓天	茶籽油		198	179	–	
	金龙鱼	茶籽油		185	185	–	
茶籽调和油	金浩	茶籽玉米调和油	茶籽油＋玉米油	86.8	96	86.8	绑小油
		茶籽橄榄调和油	茶籽油＋橄榄油＋玉米油＋菜籽油	72.8	79.8	69.9	特价、堆头
		茶籽花生调和油	茶籽油＋花生油＋豆油＋菜籽油＋葵花籽油＋芝麻油	68.5	63.9	–	特价
		茶籽调和油	茶籽油＋菜籽油	63.7	65	65	特价、端架
	金拓天	茶籽调和油	茶籽油＋菜籽油	65.8	70.8	–	
	道道全	茶籽调和油	茶籽油＋菜籽油	68.8	68.8	–	
	金健	茶籽调和油	茶籽油＋菜籽油	–	62.8	–	
	长康	茶籽调和油	茶籽油＋菜籽油＋花生油＋芝麻油	60.9	60.9	–	
	浏阳河	茶籽调和油	茶籽油＋菜籽油＋花生油	–	–	–	

从表5－6所示中可以看出，长沙市场做茶籽调和油的品牌多过茶

籽油品牌，如道道全、金健、长康都是只有茶籽调和油产品没有茶籽油产品。茶籽调和油产品占据了超市货架相当大的排面，茶籽调和油价位在60~80元/5升之间，成本比菜籽油高不了多少，而市面上当时菜籽油产品的价格在50~60元/5升之间。零售价相差10~20元，每吨的利润相差2000~4000元。湖南市场是个典型的菜籽油市场，可是茶籽调和油相对较高的利润促使超市里茶籽调和油的品牌产品多于菜籽油的品牌产品。

关于茶籽油与茶籽调和油的主力品牌金浩，又有以下特点：其他品牌都只有1个茶籽调和油产品，金浩却有4个；金浩的4个茶籽调和油占据价位幅度大，主要占据中高端市场；金浩的2个茶籽油产品，价位也是中高端；由于产品多、利润空间大，金浩可以占据较大的货架排面；促销政策也很灵活，各超市都有不同的金浩茶籽调和油产品在做堆头、端架、绑小油和特价等促销活动。以茶籽调和油为主的销售政策，使金浩品牌形成良性循环：茶籽调和油较高的利润支持了茶籽油较大的广告投入，而茶籽油较大的广告投入又提升了整体品牌力，从而让茶籽调和油产品容易获得较高的利润。

一般来说，全国性品牌的营销政策往往需要从全国角度出发，很难顾及区域市场的具体情况。这一弱点在山茶油这样的小品类上表现得很明显，这就给金浩留下了发展的空间。

比如说，某全国性品牌山茶油的油色很浅、口味很淡、风味上不如低温压榨的山茶油，很难被口味重的湖南消费者认可。该全国性品牌山茶油的重点市场是北京、上海、杭州和深圳等大城市，不可能在湖南市场投入较多的资源。即使在湖南，市场重点还是全国性品牌旗下的调和油、菜籽油等产品，山茶油和茶籽调和油都处于次要地位。

而且，从全国角度出发，该品牌最早推出的茶籽调和油含有较大比例的豆油，这点很难被湖南消费者接受。要知道，湖南的茶籽调和油全都是以菜籽油为主的，极个别的产品才加有较少比例的豆油。该全国性品牌很晚才认识这个问题，将产品区分成专为湖南消费者定制的“山茶油+菜籽油”的原香调和油、含豆油配方在全国范围内具有价格竞争力的清香调和油。这就导致了该全国性品牌在湖南市场的整体表现都不如其他市场。

案例13：千年茶树二两油

有一次参加食用油的展览会，展会上一款国萃高原有机绿茶油系列产品给我留下了深刻的印象。如图5-4所示。

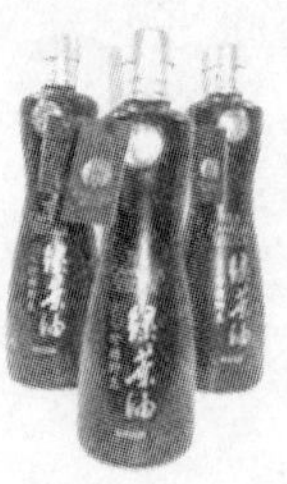

图5-4　国萃绿茶油包装

先看它的产品包装，瓶型设计得很独特而且够档次，是食用油包装设计中很成功的一例。从宣传单页上看，它即将推出的印象系列茶叶籽油，瓶型设计得比现在这款更漂亮。这个产品的促销小姐，个个“高美白”，统一穿着白色旗袍，外披白色皮草，尽显“国萃普白珍稀野生绿茶油”之“白”。

国萃高原有机绿茶油系列，打着“中国茶、中国油”的大旗，宣称“以高原有机，萃取天地珍华”。产品先讲了一个小故事，然后才引入现实世界。

1939年抗日战火纷飞，被誉为“东方剑桥”的浙江大学在校长竺可桢的带领下，举校迁至贵州湄潭办学长达7年之久。同期民国政府中央农业实验所亦西迁湄潭，并筹建中国现代历史上第一个国家级的茶叶科研生产机构——中央实验茶场，并由此推开了中国现代茶业的第一扇大门。在这里，中国茶学泰斗李联标、张天福、刘淦芝等和浙江大学的教授们一起，成立了“湄江吟社”诗社，留下了诸多歌颂湄潭绿茶的不朽诗篇。

今天的国萃？中央茶场高原有机绿茶油，即源自这个平均海拔1400米的湄潭中央茶场。5.6万亩连片茶园拥有百余年来精挑细选出的珍贵茶树品种和无法复制的优异气候环境。湄潭凤冈地区是与湖北恩施、陕西紫阳、广西巴马、江苏如皋齐名的中国5大天然富硒地区之一，土壤富含锌、硒等对于人体极为有益的微量元素。上好的高原有机茶叶籽，造就国萃中央茶场系列产品的非凡品质。

最精彩的部分还在后面：国萃普白珍稀野生绿茶油系列，千年茶树二两油，以千年珍华，益寿延年。奢贵之极致，在“用之一分则少一分”之间。国萃普白系列珍稀野生绿茶油，仅选云贵高原树龄千年的野生古茶树，千年老树的茶叶籽营养异常丰富，但极为稀有，颗颗稀世茶叶籽沐浴400天日月精华，历经32道古法压榨，每株仅年产二两顶级绿茶油。汲取天地精华，滴滴皆珍贵上品。

好一个“千年茶树二两油”，说出来谁都会动心的。我们知道，油茶籽油是不太好卖的油种，被橄榄油打压得很厉害，很难有突破口。难得这个国萃油茶籽油想出这么一句广告语，实在高明。当然，国萃油茶籽油的野生绿茶油据称确实是从千年老茶树上获取的油，别的牌子也不易模仿。不过，这个国萃茶籽油未必就想卖多少野生绿茶油，毕竟千年古树产量有限，但可以借这个名头把牌子的档次做出来，其他低端茶籽油产品就好卖了。而且，这款茶籽油明显是要主打团购、礼品渠道，不会走商超渠道。本来消费群体就是富裕阶层，只要有足够的概念支撑高价，销量不必要求有多高。

七、仙家食品——胡麻油

（一）胡麻油的市场概况

胡麻油即亚麻籽油，胡麻油是山西、甘肃、宁夏、内蒙古等地区对亚麻籽油的俗称。古人认为：常食亚麻籽可去除一切痼疾，还有返老还童、长生不老之功效。如与米做成饭食用，民间则称为“仙家食品”。胡麻油是一种优质食用油，富含α－亚麻酸及各种不饱和脂肪酸，在人体内可直接转化成DHA和EPA，是一种经济实用的“深海鱼油”。油用胡麻主要栽培在我国北方的高寒、干旱地区，胡麻油是西北当地的主食油种之一。银川的小包装胡麻油市场最具代表性。吃胡麻油的人群以当地的回族、汉族等民族为主，喜欢胡麻油的浓重风味，将胡麻油用于土豆、茄子、油泼辣子等当地食物的烹制，胡麻油不适用于炒青菜。

胡麻籽的种类很多，不同种类的胡麻籽榨油风味也不同。胡麻籽亩产量很低，好的农田也不过300～400斤/亩，收获过程掺入的杂质较多，使胡麻油在加热时容易产生烟沫并变味。为了降低成本，当地油厂一般都会加入一些色拉油以减少烟沫。另外，胡麻籽在压榨前需要经过炒制，炒制时间长短及所有的工具都会影响胡麻油风味；胡麻籽加工厂的技术一般比较落后，品质控制有难度。所以，胡麻油产品的风味控制是一大难题。2009年3月，广林子胡麻油给启元药业的一单2000桶的胡麻油福利团购，就有职工反映加热时有怪味，企业检查认为原因是“该批次的胡麻油油籽没有完全炒熟”。

在银川的超市里，当地胡麻油品类与外来其他小包装食用油品类两大阵营泾渭分明，区别非常明显。胡麻油品类由宁夏当地厂家生产，集中连续几个货架陈列产品，看过去一片黑乎乎的低等级油。其他小包装食用油品类，调和油、菜籽油、大豆油、花生油和玉米油等产品都是外地厂家生产，如益海嘉里的金龙鱼和香满园，福临门、鲁花和长寿花，在胡麻油之外的货架集中陈列，看过去基本上是清亮的高等级油。生产胡麻油的当地厂家不会去做其他的油种，外地厂家也不来这里卖胡麻油，两者的市场区分得很清楚，只有个别例外：鑫河既卖胡麻油也卖玉米油，它卖的胡麻油也是精炼过的、亮堂堂的。银川团购福利市场以胡麻油和鲁花产品为主导，两者分别占50%和30%的市场份额。

银川胡麻油市场的竞争格局在最近几年没有什么变化，仍然处于市场竞争的初级阶段，没有领导品牌、市场集中度低。从终端陈列来看，每个超市都有十几个品牌的胡麻油产品，其中有5~8个胡麻油品牌在搞堆头或端架陈列活动。比较有影响力的牌子有广林子、优素福、家家、昊裕，其他像鑫河、裕丰等牌子的表现也还可以。

与胡麻油不同，银川其他小包装食用油品类均有领导品牌，如金龙鱼、香满园和福临门的调和油、大豆油和菜籽油，鲁花的花生油，长寿花的玉米油等。

（二）银川胡麻油市场

银川胡麻油市场秩序混乱，表现如下。

（1）不标明产品等级。所有胡麻油产品都没有标明产品等级，也不知道是三级还是四级，可能有不少是毛油直接灌装的。此外，也就个别产品有标注转基因或非转基因。

（2）胡麻油含量不明。同样是胡麻油，价格50~100多元不等，与其胡麻油含量20%~80%不等有关。

（3）产品名称不一。以前，各厂家都按照自己的审美标准来确定产品名称。如广林子的精制胡麻油、压榨胡麻油和高级特制胡麻油，优素福的高级胡麻油、浓香胡麻油和精制胡麻油，家家的特香压榨胡麻油、纯正特制胡麻油和精制压榨胡麻油。2010年政府对市场进行整顿以后，情况有所好转，多数产品都改标为调和油。

（4）产品价格混乱。胡麻油的正常定价普遍很高，80~90元甚至100~120多元的产品都很常见（2009年数据）。但高价产品基本卖不动，大家都在特价销售。降价幅度20~30元不等，4.5L的主销价格为55.8~59.8元，5L的主销价格在59.8~68.8元这个范围内。

银川胡麻油市场秩序为什么混乱？

一是地方保护主义作祟；

二是胡麻油市场较为封闭，胡麻油地产地销，受外界食用油行情变化的影响较小；

三是因为没有领导品牌出来规范市场。

银川胡麻油各品牌的操作手法雷同，没有哪个品牌能脱颖而出。

（1）各胡麻油产品的 SKU 都比较多。每个品牌都有好几个产品，除 5L 的主打规格外，还有一两个小规格：以 4L 或 4.5L 的特价规格作为主销产品。

（2）胡麻油的堆头多、端架多。按正常价格标识的货架一般不怎么卖货，主战场都是在特价堆上。不少大超市都有 5 个以上的胡麻油特价堆，每个特价堆都有促销员促销产品。除了特价，也有的胡麻油品牌有绑小油或绑面条促销。

（3）各胡麻油厂家初具品牌意识。虽然各胡麻油品牌的形象粗陋、卖点不鲜明，但超市终端普遍能看见它们的形象堆，还有一些货架楣板、货架贴纸等形象展示。给人印象较深的是鑫河，打着"为中国人的健康加油"的口号，明确了品牌定位。

（4）卖点雷同。全都有清真标记，多数是宁夏名牌产品，多数在说压榨，非转基因倒是讲得不多。优素福多了个"小磨压榨"的旗号和"宁夏著名商标"的称号，广林子的精制胡麻油有"绿色食品"标识。

一般来说，超市门槛越高，竞争越激烈，超市内的品牌就越少。这条规律却不适用于银川的胡麻油市场。银川超市系统占主导地位的是新华百货连锁超市，有 15 家店。该系统态度强硬，一个品牌的进店费要 5 万元，还不包括条码费等费用。加价要求也高，对胡麻油的要求是正常供价顺加 15 个点，特价顺加 5～7 个点，固定返利 4 个点。而且，新华还要求各胡麻油厂家在其他超市的产品必须保证正常零售价不得低于新华的售价。

但银川胡麻油仍然有众多的品牌，而且看起来大家过得都挺滋润，都有钱做堆头、买端架、请得起促销员、做广告牌，广林子还投了些电视报纸广告，比曾被新华几次清场的福临门强多了。这说明胡麻油还是一个毛利较高的市场，能容纳较多的品牌，各工厂普遍产能不大、技术落后，这也是群龙无首的重要原因。

八、黄染菜花迷人眼——菜籽油

（一）菜籽油的市场概况

中国是全世界最大的菜籽油生产国和消费国，2010年占全世界总产量的27%。菜籽油也是中国国产数量最大的油种，只要看看遍布全国的油菜花景区就能感觉到。欧盟、中国、印度和加拿大是世界菜籽油四大主产国（地区），2006年产量之和占世界菜籽油总产量的86%。

菜籽油是用油菜籽榨出的食用油。我国种植的油菜分春油菜（9月底种植，5月底收获）和冬油菜（4月底种植，9月底收获）两种。春播油菜主要分布在内蒙古和西北的青海、陕西、甘肃等地区，以内蒙古海拉尔地区最集中，种植面积与产量占全国比重不到10%。秋冬播油菜主要集中在长江流域。湖北、安徽的油菜种植面积和产量居全国第一位、第二位。油菜适应性强、种类也多，几乎适宜在全国各地种植，加上油菜适合与多种粮食和经济作物轮作换茬、间作套种，可减少冬季闲田，提高复种指数。

过去十年，我国油菜种植面积和菜籽产量起伏不定。菜籽油理论供应量[①]最低的2002年为392万吨，最高的2009年为639万吨。总体来说，增长不多。与每年都不断增长的食用油总量相比，菜籽油所占的比重呈下降趋势。2000年以前菜籽油独霸天下，在食用油市场中占据40%左右的市场份额，如今跌到了20%左右。

---

① 理论供应量：根据当年所产的油料按出油率进行折算，由于油料的收获与加工会有滞后期及库存影响，理论供应量与实际供应量会有一定的差异。

油菜种植收益低，很难大面积推广机械作业，农民对油菜种植积极性低。近年来，出于对粮食供应安全的关注，国家政策对油菜籽行业的关注度越来越高。如2007年出台对长江流域“双低”油菜优势区实施10元/亩的油菜良种补贴的政策，2008年支持国有和民营油料加工企业的整合。预计中国菜籽油供应量将保持稳中有升的局面。菜籽油对进口的依赖度也不大（20%左右）。2003年以前有加拿大、澳大利亚、欧盟国家等多个进口来源，2003年以后仅从加拿大一国进口。如表5－7所示。

表5－7　2000～2011年中国菜籽油理论供应量　（单位：万吨）

年份	国产菜籽榨油				进口菜籽榨油				菜籽榨油量合计	占食用油总供应量比重	菜籽油进口依赖度
	种植面积（万公顷）	亩产（公斤/亩）	菜籽产量	国产菜籽榨油量	进口菜籽量	进口菜籽折油	进口菜籽油	小计			
	②	②＝③/①×1000/15	③	④＝③×95%×36%	⑤	⑥＝⑤×38%	⑦	⑧＝⑥＋⑦	⑨＝④＋⑧		⑩＝⑧/⑨
2000	749	101	1138	389	297	113	8	120	510	38%	24%
2001	710	106	1133	388	172	66	5	70	458	32%	15%
2002	714	99	1055	361	62	23	8	31	392	28%	8%
2003	722	105	1142	391	17	6	15	22	412	23%	5%
2004	780	113	1318	451	42	16	35	51	502	26%	10%
2005	728	116	1270	434	30	11	18	29	463	22%	6%
2006	664	110	1097	375	74	28	4	32	407	18%	8%
2007	564	125	1057	362	83	32	38	69	431	19%	16%

续表

年份	国产菜籽榨油				进口菜籽榨油				菜籽榨油量合计	占食用油总供应量比重	菜籽油进口依赖度
	种植面积（万公顷）	亩产（公斤/亩）	菜籽产量	国产菜籽榨油量	进口菜籽量	进口菜籽折油	进口菜籽油	小计			
2008	650	124	1210	414	130	50	27	77	490	20%	16%
2009	780	117	1366	467	329	125	47	172	639	24%	27%
2010	737	118	1308	447	160	61	99	159	607	21%	26%
2011	710	117	1250	428	126	48	55	103	531	19%	19%

注：假设留种5%，国产菜籽出油率36%，进口菜籽出油率38%。

长江流域既是冬油菜的主产区，也是菜籽油的加工区和主要消费区域，长江沿岸各省加工量约占全国总产量的90%以上。长江上游三省一市（四川、贵州、云南、重庆）的菜籽产量仅可满足自我压榨能力的60%，需要向长江中游地区收购菜籽原料。长江中游五省（湖北、湖南、安徽、江西、河南）为我国菜籽生产最集中的区域，产量占全国年菜籽油产量的50%以上。该区域生产的菜籽约有40%被长江上游和下游加工企业采购，剩下的由本地企业加工。长江下游区域（江苏、浙江、上海）油料产量相对较少，但油脂产量高、加工企业规模较大、经济效益较好，本区域供应不足的菜籽油料需要从长江中游和东北地区采购，或从国外进口。

国内菜籽加工业布局分散，加工厂规模小、数量多、设备陈旧、工艺落后，与国内大豆加工业大型化、集团化的发展趋势有很大差距。国内菜籽加工企业利润薄、菜籽收购半径小、期货避险意识弱、抗风险能力低。最近几年，国家对菜籽实施临时收储政策。2011年，中储粮新增近百万吨的菜籽油储备。不过，农民的利益受到了保护，主产区油菜籽压榨企业则处境艰难，多数时间处于负利润状态。截止2011年底，国内油菜籽压榨工厂已达819家，年压榨能力超过5000万吨，但产能利用率仅在28%左右。

（二）小包装菜籽油市场的集中程度高

从菜籽油销售来看，除长江上游区域需要从外地调进菜籽油销售外，其他区域的菜籽油企业多数就近加工，就近销售。受低价豆油的冲击，长江中下游区域的菜籽油消费量下降，不过，西南和西北地区的菜籽油消费量在增长。主要原因是沿海豆油输入西南、西北地区的运输成本较高，西南、西北地区经济发展带动家庭尤其是餐饮行业对菜籽油的需求量增加。

小包装菜籽油市场的集中程度高。小包装大豆油的市场还有几个巨头在竞争，如益海嘉里的金龙鱼、口福、元宝及福临门、九三和海狮等。小包装菜籽油市场基本上是益海嘉里（金龙鱼、鲤鱼等）和福临门主导市场，另外只有一些小品牌在各地勉强支撑，如湖南道道全等品牌。

从菜籽油的消费结构来看，四级菜籽油所占的比重超过一级菜籽油，这说明消费者对菜籽油的风味有着特别的偏好，这与大豆油市场以一级大豆油为主不同。国产菜籽油芥酸含量高、风味重；进口菜籽油经过转基因改造，芥酸含量低、风味也较差。

对于小包装菜籽油厂家来说，这里就存在一个市场矛盾：如果做国产风味菜籽油，原料成本较高，市场也做不大。如鲁花压榨特香菜籽油，目前零售价超过90元/5升，比一般的菜籽油要高出20多元/桶。如果做进口菜籽油，原料成本低，但是又吸引不了偏好菜籽油风味的人群。所以，如果希望既有成本优势又有风味优势，只能把进口一级菜籽油和国产三级或四级菜籽油调配成三级油销售。这样的三级小包装菜籽油，既有风味又有营养，色泽金黄、油烟也不大，深受消费者欢迎。

案例14：芥花籽油，看上去挺美

虽说多力很早就卖芥花籽油，但我觉得是个小油种，一直对之不甚了解。有次去香港逛街，在惠康超市看了一下油区，发现芥花籽油居然是与花生油、玉米油并列的三大油种之一，而且那些调和油如“橄榄芥花油”、“某某配方花生油”，都是以芥花油为主要原料。香港的芥花籽油消费习惯可能是受加拿大影响的。香港人移民喜欢去加拿大，而加拿大是全世界最大的芥花籽油出口国，今天的香港市场可能就是明天的大陆市场，这块市场不可小觑啊。

首先得搞懂什么是芥花籽油。其实，芥花籽油就是低芥酸菜籽油。芥花籽油英文名 Canola oil，是澳大利亚和加拿大的品种，属于低芥酸（< =5%）。菜籽油英文名 Rapeseed oil ，是欧洲的品种。中国冬播油菜所产的菜籽油普遍高芥酸（>40%）；夏播油菜是低芥酸的，可以叫芥花籽油。多力芥花籽油其实就是产自内蒙古呼伦贝尔地区的低芥酸菜籽油。

芥花籽油在欧美被认为是最好的食用油之一，因为它是所有植物油中不饱和脂肪酸含量最高的。美国食品及药物管理局宣布，芥花籽油因其高不饱和脂肪酸含量，可减少患冠心病风险而有资格获得合格健康产品声明。随着中国经济的发展，以及国内外交流的增加，国内高消费人群中知道芥花籽油的人越来越多了。有意思的是刀唛早些年卖的是“低芥酸菜籽油”，这一两年才改成“芥花籽油”的。

目前市场上主要有多力、狮球唛和刀唛在卖芥花籽油。多力的市场份额估计为86%，狮球唛和刀唛都在5%左右，多力芥花籽油的年销量应该接近1万吨。受原料和市场限制，多力没有对芥花籽油进行重点推广。由于没有市场竞争力，多力的芥花籽油产品定价很高，也无需做促销活动。

我们来估算一下芥花籽油有多赚钱。2012 年 9 月下旬，海拉尔的四级菜籽油价格在 11100 元/吨，四级菜籽油和一级菜籽油的差价大概为400元/吨，由此估算芥花籽油的原料成本在11500元/吨，包装、生产、运输、销售成本按2000元/吨估算。目前，市场上的普通菜籽油零售价一般不超过70元/5升，与芥花籽油有20元/5升的差价，换算成吨就是4300元的超额利润，而两者的成本相差不过几百元/吨。也可以换一种算法。芥花籽油的零售价在90~92元/5升，高的可达98元/5升，渠道加价按20%来估算，倒推得到出厂价300元/箱，也就是16305元/吨。16305－11500－2000＝2805（元/吨），这可是个非常惊人的毛利，一般的小包装菜籽油毛利每吨不过几百元。你看，只要把菜籽油的名字改成芥花籽油，就能赚这么多钱，看上去是不是挺美的？

还有更美的。广东、上海和北京等一级大城市受外国饮食潮流影响深，对橄榄芥花籽油有较高的接受基础。以深圳吉之岛为例，刀唛的橄榄芥花籽油2L的产品卖59.8元，“健康好理由”的橄榄芥花籽油1L的产品卖49.8元。从较好的陈列位置及较新的货龄上可以看出，产品还是有一定的动销量的。

九、物美价廉——大豆油

（一）大豆油的市场概况

大豆具有很高的营养价值和经济价值，还具有一定的药用价值，大豆是世界上最主要的蛋白饼粕和植物油的“提供者”，国际上大豆主要用于榨油，所占比例85%左右，东亚和东南亚地区由于消费习惯关系，大豆的食用比例略高。大豆的蛋白质除了应用于食品加工外，还可用于畜牧饲料或化学工业。大豆粉是家禽饲养中的最佳配料，能比其他原料提供更多的蛋白质，家禽约消耗一半左右的豆粕，猪的消耗量为20%左右。脱脂的豆饼还可以用来造纸、做涂料、制造人造纤维和塑料等。

大豆油的色泽较深，有特殊的豆腥味；热稳定性较差，加热时会产生较多的泡沫。大豆油含有较多的亚麻油酸，较易氧化变质并产生“豆腥味”。从营养价值看，大豆油的脂肪酸构成较好，富含亚油酸和亚麻酸。这两种人体必需的脂肪酸具有降低血脂、胆固醇及促进孕期胎儿大脑的生长发育的作用。[①] 大豆中还含有维生素 E、维生素 D 以及丰富的卵磷脂，对人体健康非常有益。另外，大豆油的人体消化吸收率高达 98%，所以，大豆油营养价值很高，从性价比来看高于其他油种。

大豆油毛油一方面经过精炼形成供食用的精炼大豆油，另一方面经过加工还可形成：大豆卵磷脂、起酥油和人造奶油、硬脂酸、甘油、氧化大豆油等产品，广泛应用在食品、医药、造纸、制革等工业，甚至还可以替代润滑油，供汽车、轮船、机械使用。

我国农业开始于新石器时代，据考证，当时栽培的主要作物中就有大豆，距今已有五、六千年历史。在商代的甲骨文上也发现了有关大豆的记载。春秋时期，齐桓公曾将北方山戎出产的大豆引入中原地区栽培。《诗经》等诗篇和书文记有："中原有菽，庶民采之。""大豆"一词最先见于《神农书》的《八谷生长篇》，其中载："大豆生于槐。出于泪石云山谷中，九十日华，六十日熟，凡一百五十日成。"汉代《氾胜之书》载："大豆保岁，易为宜，古之所以备凶年也。"可见当时大豆的播种面积已相当可观了。如今，除了青海省外，我国各地均有大豆种植，是世界上大豆品种最齐全的国家。可以毫不夸张地说，中华民族创造了大豆，大豆养育了中华民族。

中国的东北、内蒙古和黄淮海地区有丰富的大豆种植资源，是世界上最适宜种植大豆的地区之一，被称为大豆种植的黄金地带。黑龙江出产了全国 1/3 的大豆，其他主要大豆产区是吉林、河南、山东和内蒙古等地区。尽管中国 1936 年大豆产量即达 1130 万吨，但后 60 多年大豆生产总量徘徊不前，直到 1993 年，我国大豆的播种面积出现飞跃性增长，达 945 万公顷，产量达到 1531 万吨。2004 年大豆产量达到最高值 1740 万吨，随后不断下降，在 2011 年仅有 1350 万吨。

受进口廉价大豆的冲击，中国大豆的种植效益不如玉米，种植面积不断下降。国产大豆主要用于食用，基本退出了豆油市场，豆油的进口

① 中国营养学会编著《中国居民膳食指南》，2011 年版，55 页。

依赖度高达95%左右。国产豆油主要局限在东北地区销售，虽然有非转基因概念，但是和进口转基因豆油的差价太大，豆油的消费者又注重价格，在市场上处于很不利的地位。东北同时也是风味三级豆油的主销区，其他不少地区的消费者非常排斥豆油的豆腥味。如表5-8所示。

表5-8　2004~2011年中国豆油理论供应量

年份	国产大豆榨油						进口大豆榨油				大豆榨油量合计（万吨）	占食用油总供应量比重	豆油进口依赖度
	种植面积（万公顷）	亩产（公斤/亩）	大豆产量（万吨）	榨油大豆百分比	榨油大豆量（万吨）	国产大豆榨油量（万吨）	进口大豆量（万吨）	进口大豆折油（万吨）	进口豆油（万吨）	小计（万吨）			
	②	②=③/①×1000/15	③	④=⑤/③	⑤	⑦=⑤×16.5%	⑧	⑨=⑦×18.5%	⑨	⑩=⑧+⑨	⑪=⑥+⑩		⑫=⑩/⑪
2004	999	116	1740	44%	774	128	2023	374	252	626	754	39%	83%
2005	959	114	1635	46%	756	125	2659	492	169	661	786	36%	84%
2006	930	108	1508	46%	698	115	2827	523	154	677	792	36%	85%
2007	875	97	1273	48%	606	100	3082	570	282	852	952	42%	90%
2008	913	114	1555	23%	352	58	3744	693	259	951	1009	42%	94%
2009	919	109	1498	20%	303	50	4255	787	239	1026	1076	40%	95%
2010	852	118	1508	40%	600	99	5480	1014	134	1148	1247	44%	92%
2011	765	118	1350	30%	400	66	5264	974	114	1088	1154	40%	94%

为了保护豆农的利益并且保障国家粮食安全，政府对国产大豆实施收储制度。从2008年至2011年4月大豆临储收购数量达到1063万吨。在国际豆油价格高涨时，向市场定向销售或拍卖储备大豆维持物价。但

是，政府对国产大豆的收储变相抬高了国产大豆的价格，为进口大豆让出了市场，打击了东北地区的油厂采购国产大豆的积极性。为了限制豆油价格，2011年政府累计向市场投放了334万吨临储大豆和152万吨食用植物油。只有大型油厂才能拿到低于市场价格的临储大豆，而且临储大豆定向销售也倾向于国企，拿不到低价大豆的小油厂只能停工避免亏损。如此“国进民退”，等于是用政府之手来提高豆油市场的行业集中程度。

大豆压榨企业操作的基本流程是：签订进口大豆采购合约，通过银行开出信用证，进口大豆后付清货款，然后加工大豆，再快速地将大豆油和豆粕销售出去，归还银行的信用证资金。如此不断循环，虽然利润率很低，每吨只能赚取一两百元加工费甚至更低，但由于主要靠银行资金流转，投资回报很高。这一操作流程有两个关键点：对持有大豆原材料数量及下游现货预售量之间的净持有量进行套期保值，以规避原料采购和产品销售价格波动的风险；有效利用财务杠杆，在原料采购上依靠银行信用卡贷款，在销售模式上远期预售和现贷现售相结合，尽可能减少占用自有资金。

（二）小包装豆油的市场操作手法

小包装豆油主要有两种操作方法。

（1）**贸易化操作**。充分发挥成本优势，以一天一个价格的速度紧贴原料行情的变化，以贸易手段灵活占领市场。虽然卖得便宜，但因为销量大、周转速度快，赚钱能力也不差。

（2）**品牌化操作**。建立一套价格体系、物流管理、经销商管理等作业流程，通过中高端油种的广告投放和推广活动促进豆油的销售。豆油产品的同质化程度很高，面对的又是对价格很敏感的低端消费群体，品牌化操作往往不如贸易化操作容易成功。在豆油中添加维生素A，借助公众营养与发展中心、中国疾病预防控制中心食物强化办公室等国家相关部门的权威推荐，推广眼部保健概念，走差异化道路，也是品牌化操作的一条道路。金龙鱼维生素A大豆油品类依靠全国爱眼日、全国开学日等活动有效地提高了豆油产品的溢价能力。

案例15：豆维家重金打造豆油品牌

世界500强邦基的大豆油专业品牌——豆维家，于2007年12月在南京上市。

2009年，豆维家的市场策略包括：

(1) 定位：品牌核心“层层把关、新鲜到家”，抓住了邦基豆油产品生产链完整的优势，宣传从种植、收获、运输、加工到灌装的全程品控、新鲜成油。这和当年口福大豆油提出的口号“自榨、自炼、自灌装，新鲜的油不添加抗氧化剂”相似。2009年春节期间，豆维家推出“新鲜到、享团圆”的迎春产品。

(2) 价格：豆维家采用“跟随领导者”的战略，正常零售价在46.5~47.9元/桶，仅次于金龙鱼大豆油，高于福临门及大满贯豆油45.9元/桶的定价，豆维家产品的最低价格是家乐福的44.5元/桶。

(3) 产品：5L油瓶设计与豆子形状类似，与同类产品有明显差异。主要规格为5L和1.8L，其他规格包括10L、900ml和1.8L×2的礼盒装，春节期间投入5.288L的加量装。常规产品有“层层把关、新鲜到家”的挂标，加量装有红色的“新春加量”大挂标。有意思的是，豆维家一边说它采用充氮保鲜技术，另一边却仍然在产品中添加抗氧化剂。豆维家还推出礼盒装，1.8L×2两瓶豆油送多把金属小匙，定价49.5元。

(4) 市场基础工作：在卖场和中型超市，做了许多整体货架陈列或端架陈列，形成气势。

(5) 广告：豆维家在南京持续投入大量地铁、公交、分众、报纸、电视等广告费用。它在开发蚌埠等市场时，同样投入大量报纸、分众等线上广告费用。

(6) 公关：豆维家在南京隆重举行了一周年庆典活动，豆维家相关领导、全省各大媒体及60位消费者代表参加了本次活动。2008年春节曾向南京慈善总会捐赠了价值100万元的食用油。

(7) 促销：春节期间，豆维家在南京市场上加大了投入。南京市区上了50多个地堆，其中部分是形象堆，还有包柱、眉板、端架等，增加了不少促销员，延续美厨俱乐部活动。开展5L规格的产品每箱返利4元、1.8L规格的产品每箱返利3元，抢夺团购市场。

(8) 渠道：主要通过卖场及中型超市销售，除苏果便利店外未覆盖农贸市场、粮油店。

据说豆维家的营销费用预算高达10000元/吨。可是在中国市场上，想通过品牌化操作纯豆油产品赚钱基本上没有可能。中国的多数小包装食用油厂家是靠调和油赚钱的，但国外没有调和油这个油种。邦基也许不了解在中国应该做调和油等中高端油种市场（迟至2010年才推出慧质调和油），想当然地在它的优势项目豆油上大量投钱。可是，没有企业能够长期投入不求回报，像当年贝塔斯曼选高档场所开书店，最后还是不得不饮恨退出中国图书市场。

十、高产木本——棕榈油

2005年11月初，“五谷道场”非油炸方便面产品广告横空而出，陈宝国那句“非油炸，更健康”，在中国方便面市场上掀起了不小的波澜。2006年2月，麦当劳美国总部公开承认，每份麦当劳炸薯条中不利于身体健康的反式脂肪酸含量比以前增加了1/3。针对这一消息，麦当劳中国公司立即表示，中国内地餐厅炸薯条使用的油并不含反式脂肪酸。这两起事件都引起了中国消费者的广泛关注，但很少人注意到，在事件的背后都隐藏着一个共同的主角：棕榈油。

棕榈原产于以扎伊尔为首的非洲西海岸地区。棕果被人们当作天然食品已超过五千年的历史，直到现在，西非的村民还在使用原始的方法采摘野生油棕果、榨油。棕榈油是从包着果核的油棕果肉中，通过蒸煮、碾碎和榨取获得的。在这个过程中被分离的果核，经过破壳和去壳，剩下的果仁也可用来生产棕仁油，约占棕榈油总产量的10%。

棕榈是一种四季开花结果及长年都有收成的农作物。棕榈的商业性生产可保持25年，是世界上生产效率最高的产油植物，每公顷油棕每年可生产大约5吨的油脂，比同面积的花生高出5倍，比大豆高出9倍。棕榈油还有一个不可忽视的优点，就是和其他油种的提炼方法不一样，它不需要成本昂贵的加氢过程，从而大大降低了生产成本。棕榈油的价格一般要比美国大豆油低30%～40%，这使得它畅销全球，成为流通量最大的油脂产品。

棕榈油含有50%的饱和脂肪酸和丰富的维生素E。相对其他脂肪酸而言，饱和脂肪酸易引起血脂上升。棕榈油色泽金黄透明、味道淡雅、有较高的热稳定性、油烟极少，其烹炸食品时品质稳定，不会留下难闻的气味，即使反复烹炸也不会形成聚合物和胶黏残渣，很适合做餐饮行业煎炸用油。棕榈油有凝固的作用，常用于方便面的加工中，能增加其硬度使其凝固。从棕榈油的组成成分来看，它的高固体性质甘油含量让食品避免氢化而保持平稳并有效地抗拒氧化。它能在炎热的气候中延长食品的保质期而成为糕点和面包厂产品的良好佐料。

因而，棕榈油广泛用于烹饪和食品制造业。中国人每天要吃掉1亿多包方便面，同时有700多万人在麦当劳、肯德基等洋快餐店里就餐。此外，棕榈油还可以用于制造肥皂、硬脂酸及甘油，中国每年的棕榈油工业需求量十几万吨。当气温在20°以下时，棕榈油就会凝结，很难被消费者接受。在冬季里，消费者偶尔会在超市里看到某些牌子的调和油中有严重的乳白色凝固现象，那多半是因为棕榈油在这个产品的配方中占了较大的比重。所以，棕榈油主要在夏季以低端调和油的形式进入大众消费市场。

棕榈最初作为观赏植物被引入东南亚，以榨油为目的的种植始于1917年。自20世纪70年代起，马来西亚及印度尼西亚的棕榈产量获得惊人的发展。21世纪初，棕榈油产量超过豆油，跃居为世界第一大油种，2010年全球产量高达4791万吨。印度尼西亚和马来西亚分别是世界第一、第二大棕榈油生产国，控制着全球80%以上的棕榈油产量。2011年，印度尼西亚毛棕榈油产量达到2350万吨；马来西亚毛棕榈油产量达到了1890万吨，出口量达到了1800万吨，平均价格达到了每吨3247令吉，均创下了历史最高纪录。

东南亚的棕榈油贸易主要控制在三大供应商手中，包括在新加坡上市、世界最大的油棕下游工业集团丰益国际；马来西亚上市的李深静领导的IOI集团；以及新加坡上市、由印度尼西亚企业家黄奕聪控制的亚洲食品。棕榈油主要进口国有印度、中国、欧盟、巴基斯坦、西亚、日本和美国等国家和地区。

根据中国加入世贸时的承诺，2006年1月将全面放开国内油料市场，正式取消豆油、棕榈油和菜籽油三种农产品的进口关税配额。由于大豆进口关税只有3%，而大豆油进口关税为9%，进口大豆在国内压榨要比进口大豆油利润高，所以取消进口配额制对大豆油影响不大。棕榈油则不同，棕榈油2005年的关税限额为288万吨，而当年的棕榈油进口为433万吨。2006年，中国进口棕榈油猛增至508万吨，同比增长了17%。由于棕榈油大部分用于烹饪（尤其是洋快餐连锁行业）和食品制造业，家庭消费较少，中国又不生产棕榈油，所以中国的消费者对棕榈油了解不多。其实中国多年来一直是马来西亚和印度尼西亚棕榈油的最大买家。中国进口棕榈油最多的是在2009年，高达644万吨，占到中国油脂消费总量的23%。

目前，天津聚龙集团年进口棕榈油80万吨左右，约占国内棕榈油市场份额的13%～15%。2010年，聚龙集团下属的龙威粮油，各类油脂年精炼能力达到70万吨，棕榈油年分提能力达到135万吨，油脂储存量达18万吨，是全国最大的油脂综合加工厂之一。同时，天津龙威投资12亿元在江苏靖江市建设华东地区最大的油脂综合加工基地与物流配套园区，一期加工厂已建成投产，油脂码头也建成使用。在项目全面建成后，可拥有50万~70万吨的油脂生产能力，年产值达75亿元，有望成为华东地区食用油日分提能力最大的油脂加工企业。

在龙威粮油的成长过程中，有两个关键点。

一是2002年高起点进军油脂加工领域，由贸易公司转变为工业公司；

二是2007年在印度尼西亚建成了中国企业的第一个棕榈种植园，规模1万公顷。这一举措让龙威油脂将相当份额的进口棕榈油定价权掌握在手里。

众所周知，中兴通讯是中国最大的通信设备制造业上市公司和中国最大的本地无线供应商，2012年上半年营业收入426亿元。可是，在2008年11月，中兴传出一个让人震惊的消息：中兴和印度尼西亚金光集团合作，在印度尼西亚和刚果开展棕榈树种植项目，规模超过30万公顷。长远来看，中兴是准备做生物柴油。但短期内，海外种植收获的所有棕榈油，有99%将用于食用油加工。中兴也要卖食用油吗？这个消息怎么看起来像是个玩笑。通信设备制造以高利润、高科技含量著称；食用油行业则以低利润、无技术含量著称。中兴怎么会卖起油来了？

仔细想想也不奇怪。虽说2008年底石油价格暴跌，作为新能源新贵之一的生物柴油也失去了不少光芒。可是，能源的紧缺是个必然趋势，难保哪天石油价格不会再涨起来。即使生物柴油的好日子没有到来，在食用油紧缺的中国，棕榈油作为价格最低的大宗食用油产品，利润也一定不会差。

要想把食用油做大，两个条件必不可少。

（1）要有资金优势，食用油行业有很高的资金门槛。

（2）要有资源优势，中国的食用油供应60%依赖进口，这就要求企业具有国际视野。

这两个条件中兴都具备。它既不缺钱花，又是一个市场遍及各大洲的跨国公司。更何况，它卖那些电信设备要拿到现钱也不容易，还不如与那些热带地区的政府换取种植棕榈树所需的荒地。

中兴卖油、高盛养猪，这年头真是什么事情都有可能发生。通信设备市场的竞争环境日趋恶化，在华为等公司的挤压下，中兴的利润率不断下降，从2006年开始就进入了寒冬，2008年世界性的经济危机更是大大减少了中兴的订单。中兴在股价的压力下，急于寻找新的投资方向。中兴通讯宣称在5年内，对棕榈油项目的13亿元的投资将变成200亿的市值。几年之后，也许中国市场上真能出现“中兴”牌食用油产品。

案例16：假日牌小包装棕榈油的失败

从原材料油棕榈果的种植，到中游的油脂加工、仓储物流与贸易，以及最后的终端产品包装棕榈油，天津龙威为了打通全产业链，于2007年5月，在天津正式推出国内第一款低熔点、家庭小包装棕榈油——“假日抢鲜初榨油”。天津龙威还专门为打开北京市场组建了100多人的营销队伍，猛推系列小包装棕榈油产品，包括假日牌的橄榄棕榈双果油、初榨棕果油、抢鲜初榨油和棕榈谷物调和油，小康生活花生香调和油和品众食用调和油。假日棕榈油产品在美廉美、家乐福、超市发、沃尔玛、易初莲花等各大超市系统有很高的进店率，如今，这些产品在市场上却踪影全无。

众所周知，棕榈油的熔点很高，环境温度低于24度，棕榈油就容易凝固，呈半固体状态。当时已是10月，寒冬即将来临，南方夏季市场的棕榈调和油如今已经一扫而空。可是，天津龙威的系列小包装棕榈油仍然在市场上售卖。这些产品低温不凝固，不过，为此付出的代价就是高昂的分提成本，使棕榈小包装食用油的零售价格超过大豆油。

天津龙威向来以低价著称，像小康生活花生香调和油的价格最低时39元/4.5升，一天一个卖场最多能销三四千桶。但是在小包装棕榈油产品上，受成本所累，它不得不走高端路线。天津龙威推行多品牌组合营销战略：针对高端消费群体推出“假日”品牌，针对中低端消费者推出“小康生活”品牌，针对广大郊县及农村市场推出“食为天”品牌；公司还为物美超市贴牌生产“省”品牌食用油，为家世界超市贴牌生产“惠买”与“家之选”品牌食用油。它在棕榈小包装食用油产品上不仅用的是高端的假日品牌，而且采用了独特的瓶型设计。假日牌原先做葵花籽油等高端油种，现在都不做了。假日牌的调和油货架表现也不起眼，主要就是在推抢鲜初榨油（零售价72.5元/5升），其次是双果油（零售价136元/5升）。如图5-5所示。

图5-5 假日牌小包装食用油形象

天津龙威也注重行业协会的公关工作。由中国粮油学会主办，天津市聚龙粮油有限公司承办的食用棕榈液油产品评议会在北京召开。来自中国粮油学会油脂分会等食品、粮油行业界、学术界的10余名专家、学者对食用棕榈液油产品进行了评议。天津龙威与中国粮油学会签订了产品监制协议，这意味着在两年有效期内，中国粮油学会作为第三方对其生产的“假日”牌包装棕榈液油系列产品进行监制。

虽然天津龙威目前不再力推小包装棕榈油，但它仍然是中国主要的棕榈油供应商之一，并且是中国规模最大的民营油脂企业。

第6章

Chapter 6

小包装食用油经销商运营管理

一、如何提高销售团队执行力

由于小包装食用油市场的寡头竞争性质，中国多数市场，都是以几大全国性品牌的竞争为主，再加上少数几个区域性品牌的竞争为辅，但有几个市场例外。在这些市场，区域性品牌的表现与全国性品牌相比并不逊色，如广东的刀唛、年年顺等，湖南的金浩、金健、道道全等。表现最突出的还是山东市场，从山东不仅走出了鲁花、龙大、西王和长寿花等多个全国性品牌，区域性品牌如喜燕、美食客、长生，甚至一个新品牌“天下五谷”的表现都可圈可点。山东的小包装食用油品牌为什么能这么牛？个人认为，最关键的因素是这些品牌背后销售团队的战斗力普遍很强，可以称之为销售执行力之“山东现象”。

首屈一指的自然是鲁花。鲁花注重企业文化建设，长期大力宣传有鲁花特色的“球体核心论”。鲁花坚持“以人为本”，结果就是“人人卖力”。鲁花在全国各地分公司的业务员都是从山东派过去的，吃住在一起，实行半军事化管理。鲁花各分公司员工淡季做市场，自己围个围裙开展路演活动，甚至自己当搬运工一箱一箱扛产品；旺季则全部到重点超市去做团购工作。很多企业为了节约成本，都将促销员外包给劳务公司管理，鲁花的促销员都是公司的正式员工，所以忠诚度很高。鲁花将管理权限下放到市场前沿，无需事事层层审批，营销前端对市场的反应速度非常快。

笔者曾在某市场听说过这么一个故事。某团购客户先向某大品牌促销员要政策，该促销员答复说给不了。该团购客户转而去找鲁花，鲁花促销员二话没说自己掏钱买了两桶鲁花花生油送给该团购客户。鲁花鼓励各地自主开发宣传物料和设计促销方案，这样做虽然会有一些负面影响，如终端形象不统一等，但是能够激发各分公司员工的自主创新意识。在区域市场行之有效的营销战术经验会很快上升为公司的战略，在全国范围推广。

对于小包装食用油营销来说，要说有什么终极武器，那就是把执行力做到最强。俗话说，有钱出钱、没钱出力。大厂家可以拿出大把的钱在央视投广告、砸市场。小厂家拿不出钱来，靠一支过硬的营销队伍，照样可以把大厂家打败。人的因素是最重要的。

生产喜燕花生油的青岛天祥食品有限公司，规模很小，总资产只有1.5亿，花生油产能只有6万吨。2008年实现销售总收入6.5亿元，实现利税2155万元。然而，喜燕的市场表现大大突破了它的实力局限。2009年在山东走访市场时，喜燕给笔者印象最深的地方不是大卖场的终端表现，而是鲁北无棣的一个卖散油的门市部。在这里，喜燕的形象广告贴满了一整面墙。在一个主要吃散装豆油的市场，喜燕都能如此用心，市场表现不好才怪。当鲁花、胡姬花、龙大等花生油品牌大做央视广告的时候，喜燕连地方电视广告都做不起，只能靠业务员的两条腿辛苦奔走撑起一片市场。

西王也注重终端建设，在不少卖场的显著位置都有堆头陈列，这个不稀奇，花钱就能做到。西王让笔者惊叹的是在阳谷一个经济不发达的小县城的表现。看得出来，这里的业务员很用心，尽可能地为西王礼盒争取多露脸的地方。西王礼盒有摆在超市内部上下楼阶梯上的，有混在一墙的芝麻油礼盒中的，甚至还有挤到保健品专柜中去销售的。这倒是符合西王玉米油“关注心脑血管健康”的产品诉求。

再看龙大。在淄博的一个菜市场，一大早，笔者就看到龙大的业务员已经将整个市场都贴满了海报，甚至将其他品牌的海报都盖掉了。

询问一家粮油店：“什么花生油最好?”

老板说：“龙大花生油。”

“龙大花生油多少钱?”

“82元。”

“那其他花生油卖多少钱?”

“75元。”

龙大花生油能卖这么贵，靠的就是业务员的敬业精神。

此外，非花生油的品牌，如渤海的美食客、香弛的天下五谷，在山东也都有不俗的市场终端表现。没去山东之前，以为山东人吃花生油，不吃调和油。那次细细看了鲁西北市场，觉得不是这么回事。美食客有6个调和油产品，调和油的总销量已经和豆油持平。喜燕也有橄榄花生调和油、花生调和油、五合一芝麻调和油、食用调和油4个调和油产品，其中橄榄花生调和油产品还有礼盒装，连新上市的天下五谷粗粮营养调和油的市场反应也不错。而且，各品牌调和油的主打产品，如美食客的非常六加一、天下五谷的粗粮营养调和油等产品，零售价相对较高，较注重提高品牌溢价能力。这些调和油品牌的整体市场投入肯定不高，那为什么能在强手如林的山东市场也能有一席之地呢？靠的自然是销售团队过硬的执行能力。

二、经销商融资方法

有一个小包装食用油的业务员，去某个县城开发经销商。回来后，向主管报告，说找了A、B两个经销商。A的钱多，但是没什么想法；B虽然钱少一些，但是对经销小包装食用油很有想法。

主管问："你觉得应该选哪个经销商？"

业务员说："我觉得应该选B吧。"

主管说："你说B有想法，他的想法有没有你多？"

业务员说："没有。"

主管说："那不就结了嘛？公司为什么不选你做经销商啊？不就是因为你没钱嘛。你要选B做经销商，旺季他能拿出多少钱备货？A没有想法，你不会把你的想法教给经销商吗？"

这是一个真实的故事，反映了资金对小包装食用油经销商的重要性。在小包装食用油行业，除了少数厂家（如多力），一般厂家都会在旺季之前出台备货政策，鼓励经销商囤货。这既是厂家出销量的好时机，也是经销商获取利润的好机会。但对经销商有很高的资金要求，同时还有一定的货物囤压的风险。

多数经销商都是靠自身的积累成长和壮大起来的，还要承担厂家的融资压力，资金往往都很紧张。

一方面，**经销商可以通过提升内部管理水平增加可使用的资金**，如加强信用管理、加强工作流程控制、多批次小批量供货、加快结算周期、控制赊销数量、降低应收款数量、缩短应收款账期等。

另一方面，**经销商应该考虑向银行融资**。对于小包装食用油生意来说，主要有两种较适合的融资方式：应收款融资和存货融资。

大型连锁超市往往要求经销商给予2～3个月的账期，挤占经销商大量的资金。信誉好的大型超市，付款能力很强，一般都能按期支付货款，经销商可以考虑利用应收款向银行融资。经销商可要求超市开具银行承兑汇票：如果经销商不急需用钱，可以等到汇票到期时再兑付现金；如果急需资金周转，可以将汇票到银行贴现，只需承担贴现利息即可，这样经销商可以尽早收回资金。

另外，**经销商可以采用“保兑仓”的方法，利用商品提货权融资**。方法是通过银行以及物流公司的介入，以小包装食用油产品为质押向银行申请汇票。经销商只要将货物放到银行指定的仓库，将货物质押给银行，再由银行控制货物的提货权，经销商由此获得银行贷款用于开拓业务。同时，经销商可以随意提货，完全不影响正常销售。这一融资方式是针对缺乏固定可抵押资产的企业而设计的，适用于价值易于计算、价值含量高、短期内具有一定抗贬值能力、不易腐化变质、流通速度快的商品，小包装食用油产品正好符合这些要求。某些银行还可以将此模式进行拓展，不仅存货可以质押，在途物资也可质押，这样可以将流通过程中商品占用的资金都利用起来。如图6-1所示。

参与这一模式的经销商只需满足以下基本条件即可。

银行方面，经销商必须在合作银行开立一般结算户，并为银行开户及银行授信提供相关资料。

物流方面，监管仓库由厂家与银行共同指定，经销商须遵守每次的

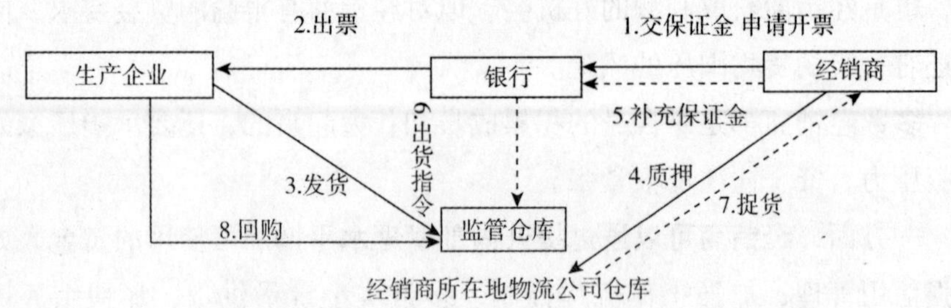

图6-1 经销商—生产企业—银行—物流公司四方合作模式

最低提货量的规定（具体数量由经销商与银行商定）。参与这一模式的经销商需承担这些成本：

（1）开票保证金（20%~30%）；

（2）银行承兑手续费（0.05%）；

（3）监管仓库中产品的财产综合险保费（约0.15%）；

（4）银行贴现利息；

（5）监管仓库的仓储费（具体费率由物流公司参照当地行情制定）。

这一模式不仅能帮助经销商解决融资难的问题，而且融资成本可下降25%以上。由厂家牵头组织经销商开展这一融资项目，由于规模效应还可让银行将保证金从普通的40%下降到20%~30%，并且银行给予保证金存款定期存款利率。

实际操作流程举例：经销商向工厂订100万元的货，应先打30万元的保证金给当地的合作银行；银行开100万元的汇票给企业；企业见票发货至仓库；经销商可以分次提货，但每次提货前要打当批货款的70%余款给银行；银行给仓库发提货指令。其实货到仓库时是以货作质押的。如果经销商有部分货物不提了，工厂将回购该批货物，但经销商先前打的30%的保证金就“飞了”。某小包装食用油营销公司应用该模式帮助经销商融资，受到经销商的热烈追捧，第一期意向融资总额就达数亿元之多。

三、深度分销之道

销售渠道主要分为厂家直销和通过经销商分销两种。与直销相比，经销渠道的主要缺点是厂家对产品售后控制力弱，市场的沟通协调成本大，对市场变化的反应慢。为了解决这一缺点，目前，在快消品领域，“深度分销”的概念非常流行。深度分销是厂家对于网络运作有很深的参与度并占有主导地位的一种分销模式。采用这一模式要想取得成功的前提是厂家自身的营销资源和能力强，渠道成员特别是终端成员数量多、较为分散。深度分销是应“厂商博弈”而生的。

为了应对越来越激烈的市场竞争，厂家希望经销商能够精耕细作市场。但是，对经销商来说，再赚钱的品牌也是厂家的，他们注重短期利益和较低的风险，往往不愿对市场进行高投入和长期的培育。有的厂家误以为深度分销就是撇开经销商自建分销渠道，于是花费大量的人力、物力将销售渠道深入二三级城市以至于乡镇市场。这样做虽然能让厂家更直接了解消费者的需求，对市场变化做出更快的反应，更好地控制价格和防止窜货，但给厂家的人员配置成本和物流配送成本带来巨大压力，结果收入和利润的增长远不能弥补费用的开支。**其实，深度分销的关键在于理顺厂家和渠道成员之间的关系。**它包括以下要点。

（一）厂家把控市场、管理质量

经销商业务人员负责对终端的开发和日常拜访工作。终端开发要求数量要多、成活率要高；日常拜访要完成终端陈列、POP 张贴、产品知识的介绍和宣传、促销活动的执行和一线市场信息的反馈等工作。市场管理的关键是经销商业务人员一定要保证工作质量，所以最好能像宝洁一样由厂家负责对经销商业务人员的招聘、培训和考核，厂家也能借此掌控终端。

（二）产品毛利在渠道成员间的合理分配

厂家在把产品交给经销商代理的初期，一般给经销商较高的毛利率，以弥补市场开发的费用。当产品打开销路以后，厂家必须调低给予经销商的毛利率，将这部分利润适当地分配给二批商及销售终端，以提高他们的销售积极性。同时，在销量增加的基础上，保证经销商的利润总额不变。如果渠道利润分配不合理，就容易出现“吃肥的经销商不思进取，想卖产品的二批商和终端却因为没钱赚而移情别恋”的局面。厂家应不通过经销商而是直接给二批商返利，这样可以防止二批商窜货、乱价，保证厂家提供的渠道促销利益不被经销商截留，厂家的进货及备货奖励政策可以直达终端，达到有效掌控二批商的目的。

以华东某市场为例。厂家要求办事处大力拓展周边乡镇市场，于是办事处便召开经销商会议传达了这一指示，经销商也召开了分销商会议传达了这一要求。但是在接下来的一段时间，没有分销商去做这件事情，问题出在哪里呢？经销商说分销商不好，要换掉一些分销商，而分销商说经销商不给支持。后来经过调查，发现问题出在渠道成员的责、权、利不匹配上。

经销商有10元/箱的利润空间，分销商只有2元/箱的利润空间，这样，如果让分销商去开发周边市场，就意味着分销商要承担仓储、配送、终端理货、终端形象维护的工作，为此就要专门增加人手，显然费用支出大于收入。这部分工作如果让分销商承担，经销商就要每箱让利3元给分销商，也就是保证分销商每箱有5元的利润空间；或者业务人员的工资由经销商出，分销商只负责仓储配送，分销商的利润空间加大到3元/箱。后来办事处重新调整了价格体系，把分销商的利润空间提高到5元/箱，把经销商的利润空间缩小到7元/箱，这一调整发挥了非常大的作用。第二年，该厂家的产品在该地区的销量同比增长50%，增长几乎全部来自周边乡镇地区。

（三）经销商的职能升级

除了承担周转资金之外，主要专注于渠道开发、物流配送、订单处理、销售预测、渠道维护、信用管理和客情关系建设等专业职能。

（四）尽量精减流通环节

某沿海省市市场可以分为两种类型。

一种是经销商依赖二批商销售产品的市场，称为 A 市场。

另一种是经销商直接控制终端，业务员拜访市场频率高并且直接送货上门的市场，称为 B 市场。

A 市场与 B 市场有很多不同之处。

（1）**市场管理粗放、销量提升乏力。**A 市场的销量虽然在全国位居前茅，但其实销售质量并不高。如果将占有市场内的人口数与销量对比，A 市场远远不能和 B 市场相比。2006 年，笔者曾在 A 市场走访农贸市场。粮油店老板反映说除了偶尔有人来贴一下宣传物料，就没见过业务人员来跑市场。我问粮油店老板："为什么销售某品牌的菜籽油?"粮油店老板回答说："该品牌送货上门，同等条件下当然尽量推它们的货，何况该品牌也不差。"不经常联络感情，不对市场精耕细作，粮油店老板自然缺乏对产品的忠诚度。

（2）**高端油种推广不力。**A 市场在传统渠道主要铺的是豆油、菜籽油和调和油等中低端油种，鲜见花生油、玉米油和葵花籽油等高端油种。B 市场的传统渠道则铺了不少玉米油、葵花籽油、芝麻油等高端油种。为什么呢? 二批商卖油每箱只有几元钱的赚头，他们必须通过货物的快速、大量周转才能赚到适当的利润。货物要快速、大量周转，就只能卖已经被市场接受了的中低端油种。二批商对销量小、收益慢、需要市场建设的高端油种是不感兴趣的。

（3）**渠道环节多，利润分割多。**我和 A 市场粮油店的老板聊天，他们就抱怨说："你们为什么要把货给二批商呢? 二批商拿货虽然多，但他们得靠我们卖货。你们还不如把货直接给我们。多一点钱赚，我可以保证不卖别的牌子的产品，只卖你一个品牌。"渠道环节多，厂家给的终端促销资源，如促销品及进货奖励等，也容易被中间层次截留。

（**4**）**二批商还是许多市场麻烦事的根源**。由于二批商必须要快速卖货，绝对不能积压资金。一旦市场不好做，他们就倾向于用低价、窜货来走量。反正市场也不是他们的，他们只重视眼前的进销差价。这样一来，价格体系被窜货扰乱，正常的市场秩序也被扰乱了。

当然，二批商也有其重要作用，主要表现在两个方面：

（1）市场开拓初期，依靠二批商可以迅速走量、打开市场；

（2）渠道难以下沉，依靠二批商能辐射周边的空白市场。

对于一个成熟品牌来说，为了精耕细作市场，必须优化二批商。成熟期的品牌基本上都开发到了县级经销商，很少有空白市场。即使有空白市场也可以要求经销商用车销（车辆流动销售）解决，用不着批发市场来辐射。在条件许可的情况下，应尽可能取消二批商和批发市场渠道，经销商直接给终端送货上门。如果经销商对市场的服务不到位，应将其市场切割，将二批商升级为新的经销商来负责这个市场的终端服务工作。这样不仅能增加终端利润，还能提高对终端的服务水平。

目前，排名前列的小包装食用油公司都在努力朝"深度分销"的方向努力，只是具体做法有差异而已。2008 年，鲁花拥有 2100 人的营销团队，在全国各地建立了 61 个销售分公司，发展了 2026 家经销商。益海嘉里则拥有 1000 人的营销团队，在全国各地建立了 60 个分支机构，发展了 635 家经销商。两相比较可以看出，鲁花倾向于将大城市抓在自己手中，并且将经销商的区域划小，其经销商只相当于益海嘉里的二批商。益海嘉里则由于历史原因，在销售上一直倚重经销商，开展深度分销工作的难度相对较大。益海嘉里的渠道变革方法是分割市场，每个城市只有一个经销商。如果某个经销商拥有多个城市的市场，就必须在各个城市单独设立公司进行管理，哪个市场达不到益海嘉里的销售要求，益海嘉里就会强硬地收回市场并分配给其他做得好的经销商。

案例17：华中某地级市的渠道变革

以华中某地级市市场为例。该市场的商业业态主要以渠道二批商和中小超市为主，市场管理难度较大。近年来各品牌小包装食用油纷纷登陆，市场竞争形势非常严峻。特别是占销量60%的11个分销市场，分销商的市场管理水平较差，不能完成保持销量每年15%～30%增长率的市场提升目标。为了解决该市场的瓶颈问题，该城市经销商凭借自身的优势和能力，对11个分销市场进行划分，逐步在各分销区域建立分支机构，最终实现直接对分销市场提供服务与管理分销市场的目的。

为此新增47个业务人员、12台车。为了保证市场的稳定，采取以点带面、逐步渗透的方式，先通过办事处行文，协助经销商收回分销市场的部分KA卖场、渠道批发、重点乡镇，由经销商设立的分支机构直接管理，而后逐步全面收回整个市场。在条件合适的区域，采取分销商出资金、经销商管理市场，联合设立分支机构的形式接管市场。该渠道变革计划完成之后，彻底改变了原有的通过分销商服务市场的销售模式，强化市场服务的深度，充分挖掘了各分销市场的销售潜力。

四、经销商知识管理

有一位姓黄的老板，十多年前从小食品批发市场的一张摊床起家，开始经营小包装食用油产品。随着生意的一点点做大，黄老板租了间门面，也有了砍掉其他牌子的生意专做小包装食用油生意的想法。七八年过去了，黄老板注册了一家商贸公司，有了专门的办公室，手下的业务员、主管、财务、搬运工加起来也有好几十人。黄老板的生意可谓芝麻开花节节高，可是，生意大了也有了苦恼。

首先，黄老板钱虽然赚得多了，但哪里赚钱好像自己也不清楚，左手进右手出，总也算不清楚账，再加上很多客户都有账期，就更糊涂了。哪像以前定期去厂家拉一车货回来，客户来了一手交钱、一手交货，清楚得很。还有，公司里面几十个员工，一到旺季就忙得团团转、总是出错，老黄自己事无巨细都要亲自过问，平时出差、旅游手机都是24小时待机，不是不想放手，是不敢放手。最头疼的还是怎么才能管好那十几个业务员。老业务员总是抱怨待遇不公平、牢骚满腹，或者干脆一走了之；新招的业务员基本上啥也不懂，听老业务员的牢骚也摇摆不定。对这些老黄心知肚明，但又没办法。

其实老黄碰到的问题对很多经销商来说可能并不陌生。尤其是那些刚刚做小包装食用油产品的经销商，虽然有一定的渠道网络和经验，可是该怎么做小包装食用油的生意，心里还是没底。新招的业务员总要培训吧，可怎么教，又由谁来教呢？新老板往往感觉事情千头万绪，无从做起。除了管理方面，业务上的问题也不少，比如很多经销商都知道渠道管理讲究精耕细作，但面对商超、渠道、特殊通路、县级分销等渠道，分别该怎么拓展和维护市场，尤其是让下面的业务员会管理市场，不少老板还是没谱。

有位老板表示，这么多年了，自己辛辛苦苦把生意一点点做大。这个市场，从粮油店到超市，哪个店的老板他不熟？从打交道的方式到喜好他都一清二楚，到市场上走一圈他就能把最近生意看个七七八八。可是手下这些业务员怎么就做不好呢？怎么进货、怎么和客户打交道，什么都要自己教，更何况很多东西虽然他心里也清楚，真要讲出来他还真不好讲。

以上这些问题，归结起来就是知识管理的问题。什么是知识管理？

“知识管理[①]是一种系统方法，通过创造一个环境，让知识和经验可以很容易地被分享，并能够将知识带到它所需要的地方以帮助做出行动。”知识管理主要包括知识生产、知识分享和知识应用等过程。

知识生产，是指对现有知识进行收集、分类和存储的过程。知识来源有两类：

一类是零散在个人组织以及企业内外的各种资料和文档等显性知识；

另一类是个人经验、专家技能等需要经过挖掘才能显性化的隐性知识。

显性知识的生产需要标准化，隐性知识的生产需要案例化。

显性知识标准化包括两个方面的内容：一个是如何正确做事、一个是如何做正确的事。为了解决如何正确做事的问题，就需要将经销商运营体系规范化。

（1）通过制度建设使经销商规范内部管理，有力支撑业务运作。制度建设主要包括计划与例会、组织结构、流程规范、人员培训和绩效薪酬体系五个部分。

（2）将商超渠道、传统渠道、特殊通路、县级分销、市场推广等五大业务流程标准化，让每项业务的业务员都按照统一标准、高效的工作流程办事，加强一线业务人员的执行力。为了保证每个经销商都在做正确的事，需要在每个厂家办事处所在的城市制定统一的销售标准，详细规定不同的通路在产品卖进、价格体系、助销方式、货架陈列等方面应该达到的标准。

随着小包装食用油市场的成熟，对市场的管理也由原先的粗放经营向精耕细作转变，这就要求经销商提升运营管理和生意拓展水平。尤其在生意规模逐年增长的情况下，经销商更应该摒弃传统门市作坊的经营观念，在企业内部建立健全一套标准的管理体系，让各个业务部门按照规范的业务流程开展工作，彻底解决“散（队伍散漫）、乱（管理混

① 本节主要参考《知识管理》，夏敬华、金昕著，机械工业出版社，2003年4月第1版。

乱）、空（监控不力）”等管理问题。

在经销商自身运营规范的基础上，实现经销商与厂家运营的一体化，让经销商站在厂家渠道合作伙伴的立场上，与厂家做好以下方面的配合工作：与当地分支机构保持顺畅的沟通；正确、高效执行各类品牌的推广工作及促销活动；严格遵守销售标准；积极反馈市场基础数据、竞品动态、渠道库存和销售数据等信息；双方共同回顾和分析小包装食用油生意的市场表现，有针对性地制定区域市场策略。只有这样，经销商才能与厂家共同成长。

在厂家的帮助下，经销商很容易做到显性知识标准化。业务员人手一本业务执行手册，按照手册规定的流程去设定拜访路线、跑店、理货、生动化物料布置、搜集终端竞品信息等等。但是，光凭一本手册是无法打天下的。有许多特定的问题要靠经验解决。比如说，面对不同的终端客户，应该如何做客情？对于不同的消费者，各有什么有效的推销手段？经营的产品在当地市场上有什么优劣势，通过什么方法扬长避短？显性知识是死的，隐性知识是活的。

显性知识不能解决许多新问题，如果一味地依赖显性知识，长此以往，业务员将失去对执行手册的信心，使流程流于形式化，老业务员一离职，把知识也带走了。**如何将经销商、老板及老业务员的经验传承下去？这就需要将隐性知识案例化。**在每次日常工作例会上，总结问题、提出解决方案后，要有专人将相关知识记录并且整理归类；对于每一种产品，有哪些量身定做的推广方法，讨论之后整理成文；在每次员工考核时，要求业务员总结考核期内的经验案例并作为考核依据；与厂家或其他经销商交流时，要将厂家或其他经销商好的经验拿回来分享。通过长期的、制度化的积累，工作中所遇到的所有问题几乎都能在案例中找到答案，知识管理体系才算成功地建立起来。

在通过知识生产过程将无序知识进行系统化管理之后，需要通过知识分享和知识应用的过程来将知识转化为生产力。知识分享，指通过知识交流扩展企业整体知识储备的过程。最主要的是人与人之间的直接交流，如研讨会、学习会和企业培训等；其次是个人通过阅览企业积累的成文知识自学的过程。知识分享要注意两个方面的问题：

（1）不能让知识被个别人员垄断，知识传播得越广获益越大；

（2）要将知识设置不同的权限，一些需要保密的知识只有具备相应权限的人员才可以浏览。

知识应用，是指利用知识解决问题，从而达到提高业务水平和工作效率的目的。

知识管理体系的建立，需要用企业文化和制度予以保障。

首先，企业内部要建立起乐于分享的企业文化。从经销商到业务员都必须清楚地认识到，要将一项业务经营管理好，需要的是整个团队的努力。不愿进行知识分享的人员，业务能力再高，也不是企业需要的人才。

其次，对知识的管理投入小、回报大，关键还在于经销商要有知识管理的意识，着手建立知识管理体系，包括指定有经验的后勤人员负责知识的管理工作，不断更新工作标准和经验案例，建立电子文档方便共享，组织新员工培训和经验分享会等。

一个良好的知识管理体系，应达到多赢的目的：企业良性运作以获得更好的利润、新员工一到岗就能获得前人丰富的成文经验、老员工凭借经验的分享在考核中获得相应的回报等等。知识经济并不仅仅是软件经济、网络经济，每个行业都是知识产业。**拥有知识是企业竞争的基本条件，而比你的竞争对手更快学习知识的能力则是唯一的、持久性的竞争优势。**

五、产品组合——拢指为拳

一般来说，经营小包装食用油产品的经销商，都会同时销售多个油种的产品。在市场竞争过程中，经销商不能指望每个产品都能赚钱，也不可能让每个产品都去抢销量，在利润和份额之间一定要有取舍。但是，这样就会面临产品如何组合的问题。以某市场的一位经销商为例，他只经销一个小包装食用油品牌，旗下有调和油、玉米油、花生油、花生调和油和大豆油等产品，各产品的市场现状如表6-1所示。

表6-1　某经销商小包装食用油产品组合现状

产品	差异化	零售价	利润	市场份额	全渠道
调和油	高	高	高	高	高
玉米油	低	高	低	低	低
花生油	低	高	低	低	低
花生调和油	高	高	低	低	低
大豆油	低	高	中	中	高

（一）小包装食用油产品面临的挑战

由于竞争对手的强势进入及消费者消费习惯发生变化，该经销商的各个小包装食用油产品面临不同的挑战。

1. 调和油

调和油是有一定差异化概念的产品，在现代渠道和传统渠道都有陈列，在调和油品类中有较大的市场份额，是当之无愧的利润产品。所以，应保持稳定的零售价格，不参与价格竞争。该经销商曾将调和油产品做过一次卖场DM惊爆价，给传统渠道带来很大冲击，意识到错误以后，经销商花费了很大力气才将市场重新维护好。

2. 玉米油

某玉米油竞品年初进入该市场后，动作很大。买货架陈列，招促销员，还做堆头特价促销。正常情况下，该经销商一次进三五百箱的玉米油，然后用半年左右的时间卖完。但是，为了将新出现的玉米油竞品逼出市场，该经销商一次进了两千箱玉米油，和玉米油竞品打价格战，结果一个半月就把两千箱玉米油全都卖光了。有意思的是该市场原本不是玉米油的主要消费市场，很多消费者都不知道玉米油是什么油。在这轮价格战之后，有不少消费者对玉米油产生了购买兴趣。在前一年，该经销商的玉米油一张团购订单都没有，在当年中秋节期间居然也得到了一些团购订单。这也说明了凭借大品牌的影响力，靠促进销售就可以把玉米油、葵花籽油等新兴产品的市场做起来。而且，这个案例也印证了小包装食用油营销“市场份额就是硬道理”。该经销商的玉米油产品如果没有通过这一波特价打开市场，还只是一个消费者不认识的、不温不火的小品类。

3. 花生油

某花生油竞品在该市场的地位强势，在这个市场的货架陈列、堆头陈列及形象建设都做得很不错，能占到当地30%的团购市场份额。该花生油竞品刚完成了一波中秋旺季前的提价工作，整体上涨10%。该经销商的应对措施是进了两千箱的花生油，通过超低价格的堆头陈列让消费者认识到竞品花生油的价格虚高，打击其团购市场。现在的团购市场趋于理性，选择物美价廉的产品或购物卡的单位越来越多。而且，该经销商的花生油产品和竞品的差价提高到20～30元/5升的水平，对于竞品的零售市场来说也是一个非常大的打击。

在这个市场，消费者的消费能力较弱，高端油种份额较低。该经销商的玉米油和花生油两个产品都是无差异化、低利润和低市场份额、只在现代渠道销售的产品，并且面临着强有力的竞争对手。所以，容易达到以低价竞争，获得较多的市场份额的竞争目的。

4. 花生调和油

该经销商将花生调和油的零售价定得较高，70.5元/5升左右，在终端可以看出产品日期“老”，卖得并不好。由于花生调和油没有在传统渠道销售，不用担心冲击传统渠道，完全可以向厂家申请支持，凭借成本优势在卖场做49.9元/5升的惊爆价促销活动，对于做59.9元/5升特价的主要竞品调和油有很大的杀伤力。

5. 大豆油

大豆油是该经销商手中产品问题比较大的油种。大豆油在该市场已经丢掉了80%的市场份额，大豆油的零售价不低于45元/5升，比一般大豆油要高很多，如市场上的竞品大豆油最低36元/4.5升、39元/5升。各大豆油产品的品质没有差异，消费者也越来越理性地选择低价大豆油。没有市场份额就没有发言权，如果销量很大的豆油产品持续丢失市场，对该经销商的整个小包装食用油生意来说是非常危险的事情。但是大豆油的价格又不能动：

一是它在传统渠道还有较高的市场份额；

二是因为它也是该经销商小包装食用油产品的一个重要利润来源；

三是作为成熟产品容易窜货。

由于大豆油是最普通的食用油种，竞争对手很多。即使用工厂提供的低端贸易大豆油品牌去迎击竞品，也不可能提升该经销商主要品牌大豆油的市场份额。怎么办？

大豆油的问题还是需要豆油品类本身解决。该市场可以考虑引入强化维生素A大豆油产品，利用维生素A大豆油在现代渠道做积极的竞争。由于有大品牌做背书及维生素A、维生素E的差异性，维生素A大豆油比低端大豆油品牌有更强的竞争力。在其他许多市场，都曾用维生素A大豆油在现代渠道做低价促销、销量火爆，又不影响纯大豆油的传统渠道市场，取得了较好的效果。

（二）小包装食用油的产品组合

我们看到，该经销商手中众多的小包装食用油产品，在营销中需要依据各产品的不同特点，进行适当的产品组合。一般来说，可以将各种产品分成两大类：利润产品和份额产品。前者的任务是维持销量和赚取利润，后者的任务是应对低价竞争并争夺市场份额。在进行适当的产品组合定位之后，该经销商的各个小包装食用油产品组合将演变为如表6-2所示的模式，其市场地位将会变得更加稳固。

表6-2　某经销商小包装食用油产品组合方向

产品	差异化	零售价	利润	市场份额	全渠道	组合定位
调和油	高	高	高	高	高	利润产品
玉米油	低	低	低	中	低	份额产品
花生油	低	低	低	中	低	份额产品
花生调和油	低	低	中	中	低	份额产品
大豆油	低	高	中	中	高	利润产品
维生素A大豆油	高	低	低	中	低	份额产品

有意思的是：不仅从经销商生意角度来看，存在"利润产品+份额产品"的组合现象，从厂家的品类发展角度来看也是如此。如表6-3所示。

表6-3 "利润产品+份额产品"组合举例

品类	利润产品	份额产品
玉米油	植物甾醇玉米油	玉米油
橄榄油	特级初榨橄榄油	精炼橄榄油
调和油	食用调和油	花生调和油
大豆油	强化维生素A大豆油	纯香大豆油、大豆油

在上述各个产品的发展过程中，利润产品有差异化、零售价高、品牌溢价能力强，承担着该品类形象建设的任务；份额产品没有差异化、零售价低、品牌溢价能力较弱，承担着打击竞品、获取市场份额的任务。有效的产品组合能够保证该品类的健康发展。**一般来说，在市场发展的初级阶段，以无差异化的产品推广为主，主要目的是获取市场份额。在市场发展的成熟阶段，推出差异化产品获取利润，无差异化产品的任务则转变为打击竞品、保证市场份额。**

在一个品类中，如果利润产品的销量超过份额产品，那么利润产品就会由明星产品转化成现金牛产品，成为公司重要的利润及销量来源，同时也是该品类的市场领导者。如食用调和油、特级初榨橄榄油和强化维生素A大豆油。反之，没有合理组合的品类，发展得相对较弱，比如只有山茶油而没有茶籽调和油等情况。另外，**一些产品组合定位模糊的产品，发展也不会很成功。**比如一些花生油二线品牌就存在这样的矛盾，既投了不少广告指望它能产生利润，又迫于市场竞争不断采用低价获取市场份额，结果是两个目的都无法达到。还有的品牌，在发展调和油的过程中总是拿不定主意，有时想要高空定位就打非转基因概念，有时为了销量又不得不改用转基因原料进行低价竞争，产品组合策略混乱将导致市场开拓失败。

我们看到，不论是想促进产品销量还是发展品牌，都必须依据

“利润产品 + 份额产品”的模式进行恰当的产品组合。只有这样，才能保证一个市场或者一个品类得到健康的、长久的发展，厂家或者经销商的生意也都能得到很好的发展。

第7章

Chapter 7

小包装食用油的经典营销案例

一、金龙鱼的“健康”品牌营销战略

（一）以“健康”为核心的品牌定位

1991年，第一瓶金龙鱼小包装食用油面市。在过去的二十多年里，这个中国小包装食用油市场的开创者，不断推动着中国粮油食品产业的变革，改变了世界粮油产业的格局。如今，金龙鱼长年稳居中国小包装油市场销量排行榜的第一名，成为中国快消品市场上最广为人知的品牌之一。金龙鱼的成功要素有很多：比如它是市场的先行者，率先将小包装食用油产品铺向全国；有着遍布全国的工厂布局；有食用油行业最好的经销商网络；第一个在央视投放广告的小包装食用油品牌等。金龙鱼最核心的成功要素还是它以“健康”为核心的品牌定位，以及在研发与营销上为此定位提供的强大支持。

金龙鱼在进入市场时认为，在中国，一种新的消费模式首先要以家庭为基础才更容易被接受。所以在塑造品牌形象中，金龙鱼首先为品牌设立“温暖大家庭”的品牌支点，以温情家庭打动中国消费者。然而，进入新世纪后，随着社会经济的飞速发展，人民生活水平的大幅度提高，人们对生活消费品的质量要求也相应提高。品牌要想长久发展，就需要根据环境的变化重新定位，金龙鱼依靠“健康”形象赋予了品牌新的活力，由“温暖亲情·金龙鱼大家庭”提升为“健康生活金龙鱼”。以“健康”为品牌的核心理念，金龙鱼不断推出新产品，吸引竞品的模仿和跟进，引领食用油新品类的发展。

2002年7月金龙鱼推出了新一代“1：1：1”调和油，由菜籽油、大豆油、玉米胚芽油、葵花籽油、花生油、芝麻油、亚麻籽油、红花籽油等8种油品调和而成。金龙鱼宣称新一代调和油，0.27：1：1的脂肪酸比例是依据中国居民膳食结构设计的科学配比，完全符合中国营养学会DRI标准，达到世界三大权威机构验证的人体膳食脂肪酸1：1：1的完美比例。金龙鱼借用了保健品的概念，将中国人食用油功能由调味引向健康。金龙鱼试图强占调和油营销噱头的制高点，设置更高的市场门槛，由自己制定调和油的行业标准。这是中国食用油市场上最畅销的一款产品，目前年销量超过100万吨。

2003~2004年，金龙鱼强化维生素A、添加维生素E系列豆油和菜籽油产品陆续上市。缺乏维生素A是世界卫生组织确认的世界四大营养缺乏病之一。2004年的《中国居民营养与健康现状》表明：缺乏维生素A是我国城乡居民普遍存在的问题。联合国儿童基金会及全球营养改善联盟指出，在大多数人消费的食品中添加必需的维生素和矿物质，是保护受营养缺乏危害人群的有效方法。国家公众营养与发展中心发起并实施国家公众营养改善项目，通过政府干预在食用油中添加维生素A，提高全民族的身体素质。

维生素A不溶于水、易溶于油脂，在食用油中强化维生素A有利于人体吸收。添加维生素E可抗氧化并增强营养吸收效果。正是基于此，金龙鱼推出强化维生素A、添加维生素E的系列豆油、菜籽油产品，开展全国爱眼日、全国开学日等推广活动，推动国人对强化维生素A食用油的认知，年销量超过20万吨，帮助400万以上的家庭有效补充维生素A。

2007~2008年，金龙鱼花生浓香调和油、金龙鱼葵花原香调和油、金龙鱼橄榄原香调和油、金龙鱼茶籽原香调和油相继上市。这几款新产品均是1:1:1第二代调和油的延伸产品，将1:1:1健康概念与产品风味相结合，既满足了消费者平衡营养的健康需求，又满足了消费者对花生油、葵花籽油、橄榄油和山茶油等风味的偏好，取得了很大成功。

2009年6月，金龙鱼植物甾醇玉米油上市。植物甾醇俗称“胆固醇天然克星”、“生命的钥匙”，可以降低人体对胆固醇的吸收。在膳食中合理地摄入植物甾醇，可使心脏病和其他慢性病的发病风险有所降低。毛玉米油是植物甾醇颇为丰富的食品之一，但经过精炼后，会有一定的损失，金龙鱼从消费者利益出发，通过研发倡导“适度精炼”，更多地保留植物甾醇、维生素E等有益健康成分，同时适量添加植物甾醇脂，使植物甾醇含量恢复到玉米油初始水平。作为目前市场上第一家推出植物甾醇玉米油的食用油品牌，金龙鱼植物甾醇玉米油植物甾醇含量达10000ppm，与天然毛玉米油几乎等同。正是从技术创新出发，金龙鱼植物甾醇玉米油很好地阐述了“我的健康心管家”的产品理念，在消费市场再次强化普及科学膳食的健康理念。

2010年4月，金龙鱼谷维多稻米油上市。它含有三重营养成分——谷维素、植物甾醇和维生素E，其中，谷维素调节植物神经，利于镇静助眠、缓解疲劳；植物甾醇利于降低人体胆固醇；维生素E有助于人体抗衰老和皮肤保养。三重营养的金龙鱼稻米油可以帮助人们改善身体亚健康、疲劳状态。长期以来，中国的稻米加工企业都小而散地分布在农村。如果米糠在6个小时内不进行压榨处理就会酸败，就不能用来榨油了。而且稻米毛油制备、精炼要求难度高，一般的中小企业缺乏这种技术水平。益海嘉里在大型稻谷加工基地半径200公里的范围内配置了卫星工厂，米糠及时地、源源不断地被送往加工基地，集中制油和集中精炼，才得以生产出高品质的稻米油并推向市场。

2010年7月，金龙鱼深海鱼油调和油上市。金龙鱼根据《中国居民膳食营养素参考摄入量》中关于膳食脂肪酸的建议值以及《中国居民营养与健康状况调查》中的相关数据，精选玉米油、花生油、大豆油、菜籽油、葵花籽油、橄榄油等九种植物油精华，同时添加含有珍贵深海鱼油的新资源食品。该产品富含的DHA脑黄金、EPA心营养和ALA活力源三大营养成分。其中，DHA和EPA平均含量为4000ppm（400mg/100g），配合膳食，可以帮助人体达到美国医学研究院（IOM）提出的成年人每天摄入160毫克DHA和EPA的建议值。除了有助人体补充DHA、EPA和ALA外，该新产品还有助人体摄入的饱和脂肪酸、单不饱和脂肪酸、多不饱和脂肪酸达到1：1：1和ω-6：ω-3=4~6：1两个层次脂肪酸均衡比例，并通过提升ω-3长碳链多不饱和脂肪酸摄入量，使ω-6和ω-3多不饱和脂肪酸保持适当比例，从而让更多层次的脂肪酸保持平衡。

金龙鱼的这些新产品，都以“健康”作为产品的核心利益。如金龙鱼第二代调和油“1：1：1营养均衡更健康”，金龙鱼植物甾醇玉米油的“胆固醇、我不怕”。金龙鱼稻米油的“还原稻米精华，3重对抗亚健康”，金龙鱼深海鱼油调和油的“深一层营养、多一层平衡”……由此驱动了品牌的健康理念的不断发展，使品牌能够长期保持活力。**不断创新产品，是金龙鱼品牌得以成功的最核心要素。**

（二）提高研发能力

2009年11月18日，投资8亿元打造的丰益国际全球研发中心在上海揭牌。研发中心的豪华团队也在这一天浮出水面：项目总负责人为全球著名植物分子生物学家、美国洛克菲勒大学终身教授、中科院外籍院士蔡南海，而4位中科院院士许智宏、李家洋、陈晓亚、方荣祥同时成为该研发中心的高级顾问。此外，在粮油和生物领域的诸多有建树的国内外专家也加入该中心的“智囊团”。该研发中心进一步增强了益海嘉里的研发能力，并更多地关注生物发酵、酶工程、分子生物学、食品安全、食品营养与健康和加工、农副产品综合利用、生物质新能源新技术等几大技术领域。全球研发中心的建立，是丰益国际科技全球化的新起点，也是丰益国际助力中国粮油产业发展的一个新起点。

（三）体育营销

在不断创新产品的同时，金龙鱼品牌在体育营销上发力，让金龙鱼品牌的健康理念深入人心。2006年10月，益海嘉里成为北京2008年奥运会食用油独家供应商，提出“为健康中国加油”的口号。金龙鱼随后又成为中国女排主赞助商，还冠名2007年世界女排大奖赛总决赛并组建了金龙鱼中国女排球迷俱乐部，创建了女排球迷网站。2011年成为深圳世界大学生运动会粮油独家供应商，积极支持中国体育事业的发展。

金龙鱼从产品到品牌为国人的健康付出的努力获得了丰厚的回报。在今天的中国粮油市场上，益海嘉里已经是无可置疑的领导者。公开数据显示，益海嘉里旗下包括金龙鱼在内的各个品牌合计占中国小包装食用油市场的半壁江山。2012年7月发布的2012年《财富》世界500强企业排行榜上，金龙鱼母公司丰益国际排名第223位，比2011年（317位）上升了近百位。同时，击败了来自欧美的对手，登上了《财富》杂志全球最受赞赏食品企业排行榜榜首。

二、小包装花生油第一品牌鲁花的竞争模式研究

山东鲁花集团有限公司，从山东莱阳的一家乡镇企业起步，在过去的10年里步入了发展的快车道，成长为中国目前最大的花生油专业生产企业。鲁花集团销售收入2002年13亿元，2011年过百亿，年平均增长速度高达25%。目前，鲁花是中国小包装花生油行业的第一品牌，占据小包装花生油市场的半壁江山。同时，鲁花也是全国小包装食用油第三大品牌，仅次于金龙鱼和福临门。如果从赢利能力来看，它的位置还要靠前。鲁花能取得如此巨大的成功，与其独特的市场竞争模式有很大的关系。在这里，我按照从营销、生产到原料的顺序，分六个方面详细阐述鲁花的竞争模式。

（一）占领制高点，放眼全国市场

2000年，鲁花高举食用油革命的大旗，一举杀入高档小包装食用油市场。鲁花首先拿下了在中国小包装食用油市场具有绝对战略意义的北京市场，至今仍然稳坐北京小包装食用油销量第一的宝座。随后，又迅速拿下广州市场，一南一北两个“高地”被收入囊中。紧接着，鲁花四面开花，在全国建设销售网络，配合强有力的线上媒体广告投放，迅速确立花生油市场第一品牌的地位。鲁花的成功带动了一大批企业转产花生油，在短短几年内迅速扩大了花生油的市场空间。

鲁花的成长之路与蒙牛非常相似。1999年，蒙牛名不见经传，按常规战略，它得从犄角旮旯的小地方做起，先做好企业所在区域的市场，再逐步走向全国。如果真是这样做了，那它今天一定还是小企业，因为全国坚持这种战略二三十年仍是老样子的企业很多。幸运的是它没有这样做，它把目光瞄准全国最高端的市场：北京、深圳、上海和香

港。蒙牛产品上市的第一步，是来到千里迢迢之外的深圳。蒙牛依靠低成本的人员做小区促销的方式，打开深圳市场后，再相继攻克北京、上海和香港市场，最终成为中国乳品市场上的领先品牌。

要知道，虽然益海嘉里旗下的胡姬花全国销量远逊于鲁花，但在山东市场上，胡姬花占据的市场份额曾经长期大于鲁花。而且山东还有龙大、长生等多个区域性强势花生油品牌。如果鲁花在起步之初就主打山东市场的话，它很可能至今都走不出山东。

（二）强大的品牌区隔

食用油产品同质性强，消费者的品牌忠诚度相对较低。比如说，多力辛辛苦苦地将葵花籽油品类做大了，结果却发现消费者多流失到价格稍低的竞品葵花籽油那儿去了。可是，鲁花却能做到强大的品牌区隔。鲁花牢牢把握住高端花生油市场，其他竞争对手只能在中低端市场分分食。在不少地方，鲁花几乎是花生油的代名词，消费者根本就不认其他的花生油品牌。何以如此？我认为有三个因素，这三个因素决定了鲁花品牌的成功经验无法复制。

（1）由于独特的工艺技术，鲁花的花生油产品有别的品牌花生油不能比拟的浓香。鲁花在十几年的推广中已经成功地在消费者的心目中建立起“鲁花花生油就是香”的认知。

（2）鲁花长期保持央视广告的巨额投入，其他大多数品牌望尘莫及。

（3）鲁花占据了“人民大会堂国宴用油”这一稀缺资源，别的品牌难以找到类似的营销制高点。虽然 2011 年已经不能再用“人民大会堂”宣传了，但该概念已经为鲁花品牌积累了声誉。

（三）鲁花政府公关与媒介投放策略

鲁花在打开北京市场时，重点进攻北京的政府高级部门，争取人民大会堂的指定用油。这些活动无一不透露出鲁花在营造政治影响力方面的高超运作。通过树立产品在政界的形象，鲁花获得了许多回报：当地银行的巨额贷款、与粮油界行业协会紧密合作、与中央媒体建立了良好关系等，为以后的全面性产品品牌宣传乃至企业的发展打下了良好的基础。

转基因食品标识①和加工工艺标识②的规定出台后，所有小包装食用油产品都必须在标签上明确标识"是否转基因"及"浸出或压榨工艺"。鲁花率先宣传"非转基因"及"压榨"概念，其他一些厂家也相继跟进，在市场上产生了较大的影响。

为了提高农民种植花生的积极性，增加花生的产量，鲁花不遗余力地推动国家政策向花生种植业倾斜。2009 年 6 月 27 日，温家宝在视察山东时，鲁花集团董事长孙孟全提出，让老百姓每亩花生增产 100 公斤，增产后促进农民再增收。温总理当即给予答复："不给花生农民补贴是不公平的，今年来不及的话，明年一定要给花生农民补贴。"随后，财政部、农业部成立联合调研组，多次到鲁花实地调研，认真听取鲁花集团的意见和建议，为国家出台花生补贴提供了决策依据。2010 年 1 月 31 日，中央一号文件正式发布，首次将"实施花生良种补贴试点"、"大力发展油料生产，加快优质花生生产基地县建设"等强农惠农政策列入中央一号文件。

鲁花长年坚持线上广告投放，尤其是在中央电视台、《参考消息》等中央级媒体的广告投入。鲁花 2010 年全年线上投入 2.22 亿元（刊例价，电视 + 报纸，下同），和 2009 年的 1.15 亿元相比增长 105%，其中全国性媒体投放的增长率达到 84%。在鲁花的 2010 年线上广告投放中，全国性电视媒体占了 42%，为 9412 万元。除此之外，还在各城市投入 1.25 亿元用于广告投放。

2010 年，鲁花媒介投放量超过 600 万元的 12 个城市（依金额大小

---

① 2002 年 3 月，中国农业部公布了新转基因规定，进口转基因食品要有相应的标识：在转基因产品卸船以后，进口商需要在产品上贴上所要求的标签；在运输、加工、批发和零售过程中，任何包装的变化都需要重新标识。

② 2003 年 10 月 1 日，由国家粮油局标准质量中心负责起草的新食用油标准出台，规定了涉及花生油、大豆油、葵花籽油等 8 种食用植物油国家强制标准和 5 种加工方法标准，新标准强制性要求食用油企业必须把产品加工工艺明确地标注在产品上，如果原料是转基因大豆，也要标明。

排序）有：太原、福州、北京、济南、上海、郑州、杭州、南京、广州、石家庄、重庆和成都。在这12个城市中，太原、福州、上海、南京、重庆和石家庄这6个城市的同比媒介投放增幅分别达到+∞、204%、354%、472%、600%和+∞（太原和石家庄在2009年是零投放），排在第一位和第二位的分别是太原的1500万元和福州的1265万元，这6个城市都被鲁花认为是最具销量增长潜力的市场。北京、济南、郑州、杭州、广州和成都这6个城市则是另一种类型，它们属于鲁花的传统重点市场，每年都保持着较高的投放力度。除成都外，其他5个城市恰好也是位居鲁花销量前5位的省市。

如果从季节投放节奏来看，可以分为平均型和集中型两种。济南、上海、杭州、石家庄全年都在投放广告，春节和中秋两个旺季的投放量比平时高一些。太原、福州、北京、郑州、南京、广州、成都和重庆则只在旺季集中投放广告。

鲁花2010年媒介投放量在250万～500万元的城市有合肥、沈阳、西安、武汉和天津这5个城市（依金额大小排序），它们属于鲁花次一级的媒介投放重点市场，也是鲁花销量居中的市场。属鲁花重点市场却不做媒介投放重点的城市，可能只有南宁和大连等少数几个城市了。南宁不做线上投放，可能跟当地的经销商独特的思路有关（侧重终端投入、车身广告等）。

（四）鲁花的营销模式契合中国食用油市场的需求

传统上，中国只有华北的京津冀豫鲁和华南的粤桂闽等地区有吃花生油的习惯。可是，鲁花花生油却能走遍中国大江南北，鲁花能在许多没有花生油消费习惯的地区卖花生油，而且，鲁花开发出来的花生油市场，竞争对手几乎无法跟进。这是为什么呢？

中国的食用油市场有两个特点：

（1）消费者重视菜肴的口味；

（2）小包装食用油是最重要的企事业单位福利团购商品。

这两个特点都与经济发展水平有关。越是经济落后的区域，消费者越重视食用油的风味，福利团购市场越重要。经济发达的区域，消费者多倾向清淡、健康用油，而且福利团购市场不断缩小。鲁花的营销模式恰恰迎合了中国食用油市场的这些特征。鲁花在经济落后地区靠央视广告的强大影响力主打福利团购市场，在经济发达地区打报纸广告、建强势终端以占领零售市场。

没有花生油消费习惯不是问题，中国老百姓普遍能接受花生油的香味。而且，在经济落后地区，消费者会觉得这是平时吃不起、福利团购时才吃得上的好油。对于经济发达地区，消费者收入较高，更加注重食物品质。“不求最好、但求最贵”，鲁花坚挺的高价格让他们觉得吃起来放心。反正不管在哪里，鲁花都能给消费者选择它的理由。

鲁花注重品质、不打价格战。鲁花的花生油价格是一般调和油的两倍左右，这么高的价格较难在零售市场上打开销路，鲁花主要在团购市场上做文章。鲁花在每个分公司都有专职的团购客户开发人员，拉网式地一一拜访所在城市的每一条街道上的每一个可能团购的企事业单位，一旦有意向就即刻记录在案、持续跟进，并且将这些辛苦得来的团购订单送给经销商或二批商，赢得经销商或二批商的好感。在市场成熟以后，鲁花就可以把这些团购客户直接控制在自己手中了。

（五）鲁花产品供应模式

鲁花每年正常压榨花生量为100多万吨，对于鲁花来说，花生原料的收购是日常经营的重中之重。鲁花以每年新建一个10万吨花生油厂的速度增加产能，在全国范围布局。目前，如果鲁花的花生油厂全部正常开工，可以生产全国一半的花生油。2010年10月，在辽宁阜新厂投产后，鲁花花生油产能达到90万吨。不过，在花生油品类萎缩的背景下，鲁花工厂的产能利用率很低，产能扩张有过热之嫌。

鲁花虽然在全国各地建设了8个花生油生产基地，但鲁花的小包装花生油产品只由山东莱阳和荷泽的三家工厂生产。鲁花各地花生油厂收购花生加工成毛油后，运往山东统一深加工成小包装食用油，然后再发往各地销售。中国的花生油还是山东花生油的质量最好，其他地方的花生油需要与山东产的花生油调配后，才能达到鲁花的质量标准。

鲁花的坚果调和油产品的供货模式则与花生油不同。鲁花任何一个销售分公司都可以视各工厂的成本高低自由选择供货厂。例如，在西安市场上就同时看到鲁花的坚果调和油有分别来源于襄樊厂、荷泽厂和周口厂的产品。鲁花坚果调和油的供应模式适合它对分公司的直营管理，还能迫使各工厂竞相降低成本，提高生产物流效率。

鲁花集中供应花生油产品，分散供应坚果调和油产品。这也反映了鲁花在这两种产品上不同的管理模式：前者注重提高质量，后者注重降低成本。

（六）产业链竞争

花生油价格行情变动是一个关系到花生油厂生死攸关的问题。中国的花生油产品主要是自产自销，受国际市场影响小。随着花生油和豆油的差价增大，豆油对花生油的价格影响力缩小。所以，花生油的价格行情相对豆油等主要依赖进口的油种来说比较好把握。只要了解了花生种植面积、花生亩产水平等情况，大概就能估算出当年的花生及花生油产量。

如何把握花生种植面积及花生亩产水平？通过打造产业链予以把握。2010年，中粮等几大食用油巨头不约而同地都在做“产业链”的宣传，其中，鲁花最低调。2009年10月，鲁花集团提出关于“做强三大产业链”的战略部署。

（1）第一产业链，利用鲁花5S纯物理压榨工艺生产出差异化产品，使鲁花的生产工厂发展到空前的规模。

（2）第二产业链，以鲁花品牌为基础，建立起覆盖全国的营销网络。

（3）自2008年开始，鲁花着手打造第三条产业链，培植和推广优质高产、高油的花生品种，建成从种植基地、种子推广、原料控制、加工生产到市场销售的完整运营链。

鲁花自认已经将第一、第二产业链打造完毕，目前较重要的是将第三产业链打造好。鲁花打造第三产业链的重要举措有：2008年，鲁花集团正式成立了山东鲁花种业有限公司。该公司主要从事以花生为主的农作物种子的引育、实验、示范、生产繁育和经营推广工作，并与国内最大的花生研究所——国家花生工程研究中心合作，成立了花生良种联合推广中心，引进高产量、高油率、高油酸品种。

经过良种试种：每亩花生果增产200～300斤，农民每亩增收400～600元，出油率在原来46%的基础上提高到了51%～53%；目前鲁花种业公司与省内多家花生合作社合作，已经有了50万亩的良种储备。通过这些措施，鲁花控制花生种植农户，了解第一手的原料种植信息，大大增强了抗风险能力。这也许是鲁花敢于在2009年新花生上市、花生油行情大涨之前大量囤货的重要原因吧。

我们看到，鲁花从营销、生产到原料均建构了非常强大的竞争壁垒，其营销模式非常适合中国的国情，值得其他食用油厂家借鉴。不过，鲁花也面临着一系列的挑战：花生原料紧缺和成本上升极大地制约了花生油品类的发展。鲁花作为花生油的领导品牌，受到的影响也最大。为了增加销售收入，鲁花提出“做强花生油、做大调和油”的口号，调和油想做大势必会影响花生油的发展。家族企业的的优点是能为一个目标长期努力，不被短期业绩困扰；同时也往往有各种关系盘根错节、企业管理不规范、职业经理人难以立足、企业发展依赖创始者的个人威望等通病。鲁花需要加强企业管理制度的建设以确保企业健康、长远的发展。鲁花能否在未来延续过去的辉煌，很可能取决于它是否能在未来几年顺利地实现在产销与管理上的转型。

三、胡姬花古法小榨花生油，将体验营销做到极致

（一）胡姬花古法小榨花生油的优势

目前，从品牌整体的角度来说，鲁花还是小包装花生油的第一品牌，胡姬花仍处于跟随者的地位。鲁花要做的事情是说服更多的消费者

吃花生油，胡姬花的任务则是把吃鲁花花生油的人转变为吃古法小榨花生油的人。所以，胡姬花采取跟随策略，无论是哪个城市、哪个卖场系统、哪个团购市场，只要鲁花做得好，古法小榨花生油就要跟到哪。鲁花已经把花生油的市场基础打好了，古法小榨花生油只需要站在鲁花这个巨人的肩膀上。从古法小榨花生油的目标消费群体来说，最重要的是迷恋花生油香味、有较强消费能力的那群人，也就是鲁花的消费群体中最有价值的那一部分群体。

鲁花的优点很多，比如人民大会堂专用油的背书（已于2011年中止）、5S物理压榨宣传、专一营销队伍、原料采购优势、高额广告投入、强势终端建设等。但是，鲁花近年的品牌定位出现了游移。按照品牌定位的理论，市场上的第一品牌必须要把握该品类最重要的产品利益点。花生油最重要的产品利益点无疑是“香”。可是，在鲁花2010年最新的宣传画面上，已经找不着一个“香”字。

消费者的需求有多个层次。最低的层次是“安全”，要满足基本的生存需求。往上是产品的功能利益点，满足物质需求（对油来说就是“风味”和“健康”）。最高的层次是情感需求。所以，在一个品牌的发展过程中，一般都是在保证生存需求的基础上，先满足消费者的物质需求，最后满足消费者的情感需求。比如说飘柔洗发水，早些年宣传能让头发顺滑，现在则宣传能让使用者自信。2008年，鲁花的品牌推广涵盖了“香”和“健康”这两个功能性的主线：“香味浓、用量省，一瓶能顶两瓶用”及“少吃油、吃好油”。到了2010年，主推的却是“为了这一代，更为下一代，绝不让消费者食用一滴不利于健康的油”，转移到“安全”的层次上。在目前食品安全成为热点话题的背景下，做“安全”宣传也无可厚非，但这毕竟不是鲁花要带给消费者的最重要的利益点，这就给了古法小榨花生油切入市场的机会。

古法小榨花生油最大的竞争优势是比鲁花花生油更香，而且这种香味有着坚实的基础。最好的原料才能生产出最香的花生油，古法小榨花生油仅选用青岛所产的优质新鲜上品花生。小榨工艺作业精细、产量稀少，非一般压榨工艺可以比拟，全烘炒保证极致的香味。在产品形象上，古法小榨花生油通过产品包装、宣传物料、广告片等成功包装出了一款古色古香、很有中国传统味道的产品，迎合了中国在食品产业及餐饮行业正在掀起的回归传统的浪潮。

自2008年北京奥运会以来，由于经济强劲发展，中国人对中国元素、传统文化的尊崇，使得回归传统的产品在市场上备受追捧。十年前，谁能想象到今天能出来一个王老吉挑战可口可乐、百事可乐，能出一个真功夫挑战麦当劳、肯德基呢？所以，古法小榨花生油能广泛受到消费者青睐，绝对不是偶然的。

（二）胡姬花的推广策略

知己知彼，古法小榨花生油制定了“两手都要硬”的推广策略。一是通过线上线下的各种宣传手段打造古雅形象；二是通过体验营销宣传不可超越的花生浓香。

古法小榨的目标消费者有三类。

第一类是有文化品味、有消费能力的高端消费者，其中绝大部分是鲁花的忠实消费者。

第二类是礼品市场，古法小榨花生油兼具高雅情趣和好吃实用这两大特点，是馈赠的佳品。

第三类是政府、企事业单位的团购市场决策者。

不同市场的侧重点不同。一般来说，一二线城市由于消费能力强，侧重零售市场。三四线城市由于消费能力弱，侧重团购市场。礼品市场则是哪里都有。古法小榨花生油集中资源，通过重磅线上广告和强势终端建设，达到打动这三类消费者的目的。线上广告侧重航空杂志、交通台、高档社区电梯广告等能接触到高端消费群体的媒介形式，以及在各重点市场的美食电视栏目植入广告。强势终端建设包括专门陈列、做木桶阵、做博古架等，不分淡旺季充分展示礼品装，落实促销员的高提成政策，充分调动促销员的积极性。有些区域打造古油坊造型的经销商形象店或者招聘亲和力强的男促销员，在周末的超市或社区活动中着卖油郎服装推广产品，效果很好。

古法小榨花生油最大的产品利益点是“香”，所以，以闻香试吃、小油换购派赠和小规格超低价特卖为核心的体验营销必不可少。尤其是900ml小规格的19.8元的超低价特卖活动，凡是做过该活动的卖场无一不引发消费者抢购热潮。而且愿意掏钱购买产品的消费者的潜在价值，比那些通过换购派赠得到免费小油的消费者的价值要大得多。他们一旦品尝过古法小榨花生油，了解了该产品的超凡品质，二次购买不可避免，做过该超低价特卖活动的卖场，销售形势都要好过从前。

此外，古法小榨花生油还利用各方面的资源开展推广活动，例如，以小油买赠的方式换取卖场提供SKU进场、堆头陈列、DM海报等方面的支持。在北京市场与德青源鸡蛋合作，同时执行买油送蛋和买蛋送小油的活动，使产品受到德青源高端消费者的青睐。古法小榨花生油还做过与金龙鱼米面、蛋糕连锁店、牛奶品牌的联合推广活动，与《美食堂》等美食杂志合作执行派赠小油送新闻稿的活动，在京东商城和卓越网等电子网站上做精准营销。通过联合促销，古法小榨花生油既节约了自己的资源，又拓展了高端消费群体，成功地达到了小成本、大推广的目的。

四、谈谈中粮的“产业链、好产品”

2010年，中粮提出“产业链、好产品”的口号，内外质疑声一片。在中粮内部，有人认为搞产业链就是大而全，什么钱都得自己赚。于是，中粮的人找蒙牛的人商量，你们以后是不是可以买我们的包装材料呢？蒙牛的人马上回应，你们的包装材料报价能不能降一些？在中粮之外，有人认为，产业链是个伪概念。在发达的专业化分工基础上，一个企业往往只选择最有利可图、最占优势的几个环节（研发、总装或营销），而将其他环节（生产）让给别的企业来做。其实，这两种观点都没有真正领会宁高宁的“产业链”思想。

（1）**产业链模式仅适用于资源限制型产业，比如钢铁、石油和粮食等产业**。这些企业，如果仅仅把产业链下游的生产、销售做好，不控制上游的原料来源是非常危险的。一旦没有原料，就只能任人提价，任人宰割。

最近几年，在各种力量的炒作之下，包括铁矿石、石油和粮食等各种原料的价格都在大幅变动，资源限制型产业面临的压力空前巨大。而且，在产业链的各个环节，经历的风险是不一样的。比如食用油行业，一般来说，原料价格走低时，精炼罐装厂的风险要大于压榨厂；原料价格走高时，压榨厂的风险要大于精炼罐装厂。**产业链整合有助于各个环节合理分摊风险**。对于一般的制造行业，在充分的市场经济基础上，可以采用“微笑曲线”模式，专注于最赚钱的环节即可，而粮油行业恰恰是最不能搞市场经济的行业。所以，以粮油为主业的中粮，不能不强调产业链。

（2）**中粮还在计划经济思维模式下被赋予保证国家粮食安全的重任**。对企业来说，可以通过期货交易化解大部分的原料采购风险。但对国家来说，绝对不能这么做。国家间万一发生贸易争端、经济制裁甚至爆发战争，谁还管期货，再有钱都买不到东西了。最近几年，国家开始提倡中国企业去海外建立食用油种植基地。如天津聚龙在东南亚建棕榈种植园，浙江华丰和重庆粮食到巴西种大豆。但尚未听说中粮有这一方面的动作，倒是有中粮高层于2010年6月称：“走出去没有想象得那么简单。”

（3）**建立产业链也是粮油寡头之间竞争的需要**。粮油行业是一个高资金需求、低毛利、价格弹性小的产业，企业竞争到最后拼的就是规模和实力。将产业链的各个环节整合，努力将整合结果做到最强，最大限度地让利给消费者，才有可能取得最大的竞争优势。

（4）**粮油行业的低毛利对应的是高流通性**。粮油的销量相对来说是比较稳定的，即使金融危机也不会影响人们吃饭吧？所以，粮油行业有大量拥有稳定原料来源的衍生产品，产业链整合可以充分赚取每一个衍生产品的利润。比如说水稻，经过剥壳处理后，稻壳被送到电厂转化成热能实现火力发电，燃烧后的稻壳变成了稻壳灰，稻壳灰经高科技研发变成白碳黑和天然助滤剂活性炭；米糠被送到车间提炼出米糠油，再经过加工，变成优质、营养价值极高的米糠食用油；榨油后形成的米糠粕，还可以继续深加工和提炼出卵磷脂、肌醇、甾醇、谷维素等高附加值的产品；脱壳后的大米则成为品牌米。当然，也只有实力雄厚的大厂家才能打造出这样的产业链。

（5）宣传产业链也是一个讨好消费者的好办法。现在消费者最担心食品安全问题了，最近几年发生的食品安全事故，其实多数都是在原料采购上出现了问题，在生产环节出现问题的很少。宣传产业链，告诉消费者自己的所有原料都是自己种植的，绝不外采，多少可以让消费者安心一些。另外，宣传产业链还可以给消费者传递一个信息，那就是我是一个很有实力的企业，因为只有实力强的企业才能打造产业链。

其实，不仅是中粮，其他几个粮油大企业或多或少都在建设产业链。比如说鲁花，通过种业公司推广花生良种，控制花生种植业。邦基在“豆维家”豆油广告中宣传“层层把关、新鲜到家”，蕴含了产业链的思想。粮油巨头们殊途同归，说明“产业链”的打造是大势所趋、不得不为。

五、多力葵花籽油，集中优势、稳扎稳打

上海佳格的多力葵花籽油迟至2003年才进入中国小包装食用油市场，当时的小包装食用油市场已经有了金龙鱼、福临门和鲁花等多个领导品牌。和这些领导品牌相比、多力缺少经验、对中国市场了解不多、没有成本优势，佳格集团在台湾销售的“得意的一天”的葵花籽原料来源于美国，成本无法与内蒙古等地区生产的葵花籽油产品相比。多力的资金实力有限，看起来根本无法与那些大品牌抗衡。

其实，领导品牌也有它们的弱点：企业灵活性不如小企业；产品线

宽，产品发展不平衡；领导品牌因为要考虑全国市场，很难根据当地情况开发合适的产品、制定合适的营销策略。在理论上，领导品牌为后起品牌留下了足够的空间，这也是许多中小企业能健康发展的根本原因。小企业只有善于发现领导品牌的弱点、寻找到合适的商机，才能发挥自身优势迅速扩张品牌。小企业一般可支配的资源有限，只有集中优势采取“个个征服，步步为营”的策略，才能在残酷竞争中发展。多力采用了集中专长、集中产品和集中市场三种模式的目标集聚战略，在中国小包装葵花籽油市场取得了成功。

（一）集中专长，先做市场再建工厂

许多成功的企业只关注自己的长处，不涉足其他配套产业。企业在资源有限的情况下，为在竞争中获得最大的优势，仅保留企业各功能中最关键的部分，将其他的功能虚拟化，通过各种方式借助外部资源、力量弥补，其目的是在竞争中对市场做出快速反应。

多力先看好时机，在中国的葵花籽油市场刚刚启动而且潜力无限时进入市场。多力投入数千万元巨资做广告，一举打开葵花籽油市场，这时多力还没有自己的工厂，甚至向竞争对手（益海嘉里旗下的西安嘉里）采购成品油。多力同时采用高价策略（零售价比葵花籽油市场原先的领导品牌贵5%），获取高额利润以弥补高额广告及成品油采购开支。在迅速成长为葵花籽油市场的第一品牌后，多力才投资建立自己的生产基地。

这样的投资方式资金运作效率高、时间短、见效快、风险低，有两个关键点：

（1）进入一个很有发展潜力的市场；

（2）要有高超的营销管理能力。

（二）集中产品，定位准确

多力在成功推出葵花籽油和葵花籽调和油产品后，才相继推出芥花油、橄榄葵花油和橄榄油等产品，打造以葵花籽油为核心的多力食用油

系列产品。多力的新产品推广作风非常稳健，它不贪多，一到两年的时间只推一个新产品，并且一定要让新产品占领该品类市场第一的位置。在众多品牌中，消费者一般会优先选择居于领导地位的品牌，只有居于领导地位，才能获得竞争优势。

多力擅长寻找有发展潜力、高端的市场细分切入。市场细分，就是把市场分割成具有不同需求、性格或行为的购买群体，并针对每个购买群体采取单独的产品或营销策略。在小包装食用油市场上，所谓的竞争激烈，仅仅是指集中在低端的大豆油或以大豆油为主料的调和油市场上的竞争。低端市场竞争所采用的手段也不外是“杀敌一千，自伤八百”的价格战，多力不会在市场主流油种上与众多强大的竞争对手打得头破血流。它在2003年推出了正处于市场起飞阶段的葵花籽油，2005年选择芥花籽油时只有“刀唛”这个偏居广东一隅的品牌，2006年重点推广的橄榄葵花油也只有“大满贯”、“阿格利司”等小品牌。

多力推出橄榄葵花油产品是经过认真选择的，找到了合适的品牌延伸定位。许多小包装食用油品牌要向调和油方向延伸品牌，一般都以大豆油为主要原料，同时降低产品成本和售价，如花生油之于花生调和油、葵花籽油之于葵花调和油。这样的做法虽然会吸引一部分低收入的消费者，但同时也降低了产品的档次和品牌的价值。多力推出的橄榄葵花油则与之相反，它既利用近年来橄榄油发展迅速、广为高端消费者所知的情势，将新产品的档次提高到多力葵花籽油之上，又通过调和油的配料不透明、消费者无法判断成本高低等因素，攫取超额利润。多力推广橄榄葵花油，不仅不会影响葵花籽油的销量，反而会提升品牌力，使葵花籽油保持坚挺的价格。

在名称上，多力的橄榄葵花油虽然是两种油调和而成的，但并没有采用“调和油”这个被用滥了的名称，刻意与一般的调和油区分开（“大满贯”则将它的橄榄葵花油命名为“高级调和油”）。在产品包装和陈列上，多力巧妙地利用绿色的标签与PET瓶，绿色的自制陈列架使原本是金黄色的橄榄葵花油呈现出橄榄油的绿色，并在包装和货架上强调“采用意大利冷榨橄榄油”，让消费者认为产品品质高档。通过准确的定位，多力橄榄葵花油在市面上诸多的小包装食用油产品中脱颖而出。

多力的产品有着明确的分工，分别占据不同的价格区间，主攻不同的消费者群体。以天津市场为例，多力在卖场、中型超市设置橄榄葵花油的自制陈列架，主推价位高的橄榄葵花油；在便利小店设置芥花籽油的自制陈列架，主推价位较低的芥花籽油。

（三）集中市场，做透做强

集中区域市场把它做透，不但能减少营销失误，而且能为日后大规模推广产品积累宝贵的营销经验。因为新产品上市存在许多不确定性，需要检验营销方案、磨合营销队伍、调整营销政策、改变管理模式等，处于竞争劣势的企业本来资源有限，如果再把有限的资源分散，市场竞争力就会大打折扣。许多企业一味贪大求全，动辄启动一个大区市场甚至全国市场，但又不能为之配备足够的营销资源，其结局往往是半途而废。

多力不贪图太大的地盘，把目标对准北京、天津、华东和华南沿海这些中国最富裕的地区，集中力量主攻中心大城市，营销资源的集中使用取得了显著的效果。多力所到的卖场，虽然它的产品种类很少，但一定会占据较大的陈列面。多力注重终端建设，其自制陈列架在各地均有较高的进店率，特别是在一些不允许厂家生动化陈列的卖场，多力的自制陈列架引人注目。

在渠道方面，多力除了在上海、北京、广州等一线城市直营外，其他区域采用经销制。多力的经销商管理分为两种。

（1）省会城市的市场活动由多力主导，所有的营销费用和推广费用由多力承担，这样能更好地掌控渠道和操控市场。

（2）其他城市的市场活动由经销商自己开展，多力派遣专员指导，业务员和导购薪资、大型活动费用、特殊陈列费用、进场费用等费用由经销商承担，多力从经销商打款中拨付7%来支付上述费用。

也许，**多力最明智的地方在于它的品牌战略：它在小包装食用油市**

场上的开拓以利润而非销量为主要目的。当诸多食用油厂家喊出各种以销量为核心的发展口号时，多力却通过在有限市场获取最大利润的发展战略，逐步在中国小包装食用油高端市场上攻城掠地。凭借高明的市场推广手法、较强的赢利能力，多力成为中国小包装食用油市场上最具竞争力的品牌之一。

六、多力双宝，披上皇帝的盛装

（一）双宝葵花花生油的产品策略

2009 年，多力遇到经营困难。在金龙鱼葵花籽油的低价竞争下（零售价低 1 ~ 2 元，捆绑 900ml 葵花籽油），多力损失了较多的市场份额。在上海等重要根据地，多力葵花籽油的销量落后于金龙鱼葵花籽油。葵花籽油产品同质性强，消费者乐于接受比多力价格低、品牌品质也不差的产品。为了开展差异化竞争，开辟新的销量及利润来源，多力不得不先后推出橄榄葵花油、山茶葵花籽油、葵花菜籽油等产品。对于容量大、利润丰厚的花生油市场，多力自然也不会放过。

和多力以前的各种葵花调和油产品相比，双宝葵花花生油有许多特点。最重要的是多力第一次对食用油产品采用了子品牌策略，将之命名为“双宝”。使用子品牌的目的，是为了突出某个重点产品的差异性，避免稀释母品牌，而且可以利用母品牌的影响力保证产品品质。

多力对其他葵花调和油产品的命名，一般按照原料的价格排序，原料贵的放前面、便宜的放后面。像橄榄葵花油、山茶葵花籽油、葵花菜籽油等产品，但葵花花生油是个例外。足见多力对于与其他花生油产品在花生香味上硬碰硬地竞争没有信心，毕竟花生油含量只有一半。它需要利用葵花籽油的营养概念与其他花生油产品竞争，所以加重了葵花的分量，将产品命名为“葵花花生油”而非“花生葵花籽油”。多力在葵花花生油产品上明示“50% 葵花籽油 + 50% 花生油”，这也是史无前例的，突出了这一产品在“美味”和“营养”上同等重要。

多力葵花花生油定价为82.9～85.9元/5升，高于同一超市的葵花籽油（69元/5升左右）的价格，甚至高于同一超市的多数花生油（78元/5升左右）的价格。“50%葵花籽油+50%花生油”的产品配方要卖这么高的价格未免有些底气不足。时间一长，消费者难保不会觉得买一桶花生油再加一桶葵花籽油更划算。多力于是给这一产品添加了维生素A、维生素E等营养概念。有意思的是，多力葵花花生油在瓶标上有一行字“添加维生素A与E”。产品配方中写着“每100克油添加400微克维生素A”（金龙鱼AE系列产品含500微克维生素A），配料表中却只提维生素E不提维生素A，产品挂标上也只说“3倍维生素E”而不提维生素A。

可能，多力这一产品不像金龙鱼AE系列产品一样采用抗紫外线透明包装，不能保证维生素A不流失，所以不敢在维生素A上讲太多。对于维生素E，多力也做了个数字游戏。双宝葵花花生油中每100克含42微克的维生素E（金龙鱼AE系列产品含15微克维生素E）。多力宣称其“维生素E含量达到中国营养学会发布的营养素参考值的3倍”。中国营养学会发布的营养素参考值是：14岁以上的人群每天需摄入14微克的维生素E。数字上看正好是42=14×3。问题是中国人每天平均摄入40克食用油，按这个比例，吃双宝葵花花生油只能摄取42×40%=16.8微克的维生素E，仅略高于中国营养学会提供的参考值。

多力双宝葵花花生油的目标是那些对美味和营养都有需求的消费者，但明显是为了争取花生油消费者中有营养需求的那部分人。在定价上，盯着吃得起较贵的花生油、对价格不敏感的那类人群，这类有钱人也是比较关注营养的人群。从挂标上看，产品宣传了三大卖点：“50%葵花籽油+50%花生油”，3倍维生素E，高达50%必需脂肪酸。

（二）双宝葵花花生油的推广策略

多力为双宝葵花花生油制作了一个很有趣的电视广告片。两位妃子为争宠，一个用的是“葵花油健康”，一个用的是“花生油香”，皇帝不胜其扰。还是皇后高明，选的是多力双宝葵花花生油，“美味更营养”。

皇帝龙颜大喜，一句“皇后贤慧啊”，两个妃子盛油的瓷瓶失手落地……

多力真是太有创意了，居然请了一位“皇帝”来做形象代言，还用“朕就要好吃加营养”这一句大白话来做广告语。双宝为什么要用皇帝形象做广告呢？多力推出这个产品是为了从花生油市场中分一杯羹。花生油品牌的制高点是鲁花，鲁花最重要的产品宣传点就是人民大会堂专用油。“皇帝”大概是个不错的参与竞争的选择。北京、天津等城市是双宝上市的重点城市，这些城市也比其他区域多一些“皇帝情结”。

在对双宝葵花花生油的上市推广上，多力兴师动众，其力度远大于其他葵花调和油产品。多力搞了一个富丽堂皇的新产品发布会，整个发布会以中国红为主色，立体龙柱等有如皇宫般富丽堂皇的布置，还用产品堆了一个天坛塔。多力习惯花小钱、办大事、轻现场、重传播。虽然上市动作看起来有些声势，但估计多力只开了一场新产品发布会，然后在多个城市都做了传播。多力为双宝葵花花生油的新产品上市及抢夺春节市场做了两波报纸和网络传播，选择的媒体有北京的《北京晨报》《北京日报》《北京商报》，广州的《广州日报》《信息时报》，深圳的《晶报》，福建的《福建日报》《福州晚报》，石家庄的《河北经济日报》。

多力双宝葵花花生油只在多力势力范围内的花生油市场选择部分超市系统重点推出。在终端上，多力在一些卖场建设店中店或者形象堆。推广重点是多款闻香架的应用，还做捆绑小油或低价促销活动。多力也在一些葵花籽油产品上绑150ml加纸盒包装的双宝小油，促进消费者尝试购买。

七、从盛洲的市场表现看区域品牌的崛起

厦门中盛粮油企业有限公司成立于1993年（与在香港上市的中盛粮油无关），总投资2.43亿元，年生产食用植物油能力10万吨，在2009年年底完成二期项目后新增产能13万吨，计划在2013年完成的三

期项目还将新增14万吨的产能。中盛2008年的食用油销量是8万吨，其中小包装食用油3万多吨。中盛的营销网络以福建为中心，向外渗透、辐射到江西、浙江、广东及香港、台湾等地。中盛产品规划如表7－1所示。

表7－1　中盛产品规划（以2009年厦门沃尔玛为例）

<table>
<tr><th>是否含棕榈油</th><th>品牌</th><th>产品</th><th>配方</th><th>是否转基因</th><th>规格</th><th>价位（元）</th><th>换算成5L的价格（元）</th></tr>
<tr><td rowspan="6">否</td><td rowspan="6">盛洲</td><td rowspan="2">玉米食用调和油</td><td rowspan="2">玉米油、花生油、芝麻油、橄榄油</td><td rowspan="2">非转转基因</td><td>5L</td><td>58.9</td><td></td></tr>
<tr><td>4L</td><td>48.9</td><td>61.1</td></tr>
<tr><td rowspan="2">食用调和油</td><td rowspan="2">菜籽油、玉米油、花生油、芝麻油</td><td rowspan="2">非转转基因</td><td>5L</td><td>55.9</td><td rowspan="2"></td></tr>
<tr><td>5L</td><td>47.9</td></tr>
<tr><td rowspan="2">第2代精选食用调和油</td><td rowspan="2">大豆油、玉米油、花生油、芝麻油、橄榄油</td><td rowspan="2">转基因</td><td>4L</td><td>37.2</td><td>46.5</td></tr>
<tr><td></td><td></td><td></td></tr>
<tr><td rowspan="2">含棕榈油或不含棕榈油</td><td rowspan="2">回家真好</td><td rowspan="2">食用调和油</td><td rowspan="2">大豆油、花生油、芝麻油</td><td rowspan="2">转基因</td><td>5L</td><td>44.9</td><td></td></tr>
<tr><td>4L</td><td>37.9</td><td>47.4</td></tr>
<tr><td>是</td><td>吉多利</td><td>食用调和油</td><td>大豆油、花生油、棕榈油</td><td>转基因</td><td>5L</td><td>38.5</td><td></td></tr>
</table>

中盛的产品线将含棕榈油品牌与不含棕榈油品牌做出区分。不含棕榈油的是高端品牌“盛洲”，含棕榈油、不含棕榈油产品都有中端品牌“回家真好”，含棕榈油的低端品牌“吉多利”。中盛产品多是4L规格，其实，4L规格换算成5L后价格并不低。

中盛的产品线也有缺陷，缺乏一个核心产品。中盛原本想主打非转基因概念，于2006年4月全面上市“盛洲”非转基因食用油，打算将其打造成“中国非转基因食用油第一品牌”，但是成本高、售价高没法做大。中盛以为玉米油好卖又推出了玉米调和油，结果也不成功，最后只好推出了转基因的第2代调和油。有意思的是玉米调和油和第2代调和油的配方都含橄榄油，但却不在产品名称中体现出来。福建的花生油和花生调和油占很大的市场，可盛洲并没有推出花生调和油产品。

2009 年笔者在厦门走访市场，看到中盛在各个重要超市普遍投入货架集中陈列、特价堆头、食用调和油 288ml 加量装、玉米调和油捆 500ml 玉米油等。中盛同时注重县级市场开发。在宁德某县城，一条街走过去，可以看到六、七处盛洲的超市户外广告或粮油店的门头广告，进店率很高，陈列做得也不错。

盛洲 2011 年投入 3785 万元电视广告费用（刊例价），仅次于金龙鱼高于福临门，排在调和油品类的第二位。盛洲主要投放福州、南昌和合肥三个城市，以卫视为主，也有少量央视广告。不过，2012 年上半年，盛洲仅在福州和南昌投入了 364 万元电视广告费用（刊例价）。

中盛长期关注公益活动，于 2008 年 5 月设立“中国扶贫基金会—盛洲爱心基金”，主要用于“母婴平安 120 行动”。盛洲于 2008 年捐款 100 万元，2009 年再次捐款 120 万元，并承诺于 5 年内捐赠总额不少于 600 万元。盛洲同期开展“买一瓶盛洲油，捐赠十分钱”的公益活动。十几年来，中盛集团向中国扶贫基金会、红十字会、慈善会、机构及个人公益事业累计捐款（物）1600 多万元。

当地政府也对中盛这样的当地企业给予一定的支持。比如说，某次厦门政府公开招标采购小包装食用油，某外地厂家特别把出厂价格降低十几元，经销商也让利了几元钱，以亏本的价格参与投标，但还是没能投上，政府把采购订单给了中盛。

中盛是农业产业化重点龙头企业，也在搞“企业 + 农户”的订单农业，目前主要是 40 万亩的花生、玉米和油菜籽种植基地，未来五年还准备建设 13 万亩的茶籽油种植基地。中盛自称将自行解决 95% 的原料来源，对于以进口豆油和进口棕榈油为主要原料的产品现状，这个目标基本不可能实现，更多的是宣传上的效果。

综上所述，厦门中盛上做央视投放、下搞县城开发，规划产能倍增、还能在公益上大把投钱，其发展潜力不可小觑。区域性品牌能够崛起，不外乎有以下几个原因：地方政府出于粮食安全、税收、就业等方面的考虑对地方厂家予以支持，当地消费者对当地品牌有一定的感情支持，地方厂家能推出一些区域针对性很强的产品等等。

八、欧丽薇兰，身与心的无上宠爱

2011年，接近一半的橄榄油通过小包装形式销售，欧丽薇兰橄榄油占小包装橄榄油约30%的市场份额，是中国橄榄油市场当之无愧的第一品牌。欧丽薇兰橄榄油于2005年上市销售，能够在短短几年时间里，从众多的橄榄油品牌中脱颖而出，自有其独特的竞争优势。

（1）**欧丽薇兰的成功，益海嘉里强大的分销体系是重要基础。**橄榄油作为最贵的主流食用油种，只有小部分高收入人群才有能力消费。中国贫富差距严重，高收入人群较为分散，即使是内陆小城市，也有一些能消费得起橄榄油的人群。

一般的橄榄油品牌无法将产品铺到地级市甚至是县级市，但欧丽薇兰却能轻易地做到有金龙鱼的地方就有欧丽薇兰。笔者曾经在2006走访陕西渭南市，当地仅有两家卖场，在其中较大的一家卖场，促销员反映，每个月都能卖掉2箱欧丽薇兰橄榄油，欧丽薇兰是这里唯一的橄榄油品牌。在市场上也能看到一些小的橄榄油品牌借助金龙鱼或鲁花的经销商销售。

（2）**欧丽薇兰专业高效的专促队伍是产品销量的强大保证。**专促队伍承担了消费者教育、体验展示和拦截销售等工作，对橄榄油这样的高端舶来品来说是必不可少的。据说有的市场欧丽薇兰橄榄油的销量有60%是通过专促队伍卖出去的。

（3）**成功的品牌定位及营销推广活动，为欧丽薇兰的成功起到了画龙点睛的作用。**欧丽薇兰的品牌推广，基本上是走“地中海原产地概念”和“时尚健康”这两条路线。

2006年5月，改编自丹·布朗全球同名畅销小说的《达芬奇密码》电影上映。欧丽薇兰的原产地与该片代表的文艺复兴发源地均来自具有浓郁地中海风情的意大利，而且橄榄油的文化内涵与电影中融入的大量的西方密码学、文化、历史、艺术等领域专业知识所带来的异国文化洗礼高度一致。更重要的是电影本身就是一部造梦机器，该片的热播引得不少人前往英法进行“达芬奇解码之旅”，欧丽薇兰希望受众在接受影视作品带来的异国情调时，也把这种情感带到产品中，让消费者不知不觉迷上欧丽薇兰。

在《达芬奇密码》即将全球公映之际，欧丽薇兰借势在“北上广深”全面启动了“意大利欧丽薇兰‘情迷达芬奇’食尚之旅”系列整合营销活动。电影首轮放映的火爆时段，在四地主要影院进行了题为“同样来自意大利的美食密码，由欧丽薇兰橄榄油为你开启”的6880场的贴片广告，广告累计受众达百万人。在四地票房排在前两位的影院，开展影院阵地广告投放和幸运抽奖活动。此外，还在各地主要卖场开展主题陈列、试吃体验、解密游戏、消费者买赠促销等系列活动，推出蒙娜丽莎形象的杯子、杯垫和书签等奖品，吸引了大批消费者。欧丽薇兰品牌知名度在短时间内大大提高，销量也提升了四五倍。

2008年6月，欧丽薇兰携手《时尚健康》杂志启动“2008欧丽薇兰橄榄油万人瘦身大赛暨千人比基尼派对”活动，全国报名人数过万。同期，欧丽薇兰在全国360个终端卖场宣传并聘请专业的健身教练、营养专家、瘦身顾问，给予大众专业的健康瘦身指导。7月25日，来自北京、上海、广州、深圳、天津等城市的1000名选手脱颖而出。8月30日，从千名入围选手中选出的20名瘦身佳丽齐聚三亚，参加欧丽薇兰橄榄油千人比基尼派对，展现她们的热情、自信与健康体态。通过这次活动，欧丽薇兰橄榄油很好地宣传了天然营养、科学减肥、美容、皮肤保养等利益点。

2011年7月，欧丽薇兰联合《时尚健康》杂志主办、同国内十多家主流媒体协办，欧丽薇兰地中海美食节“超级食客”海选活动。该活动以“为最爱的人，赢取地中海宠爱之旅”为主题，倡导地中海膳食文化，引领国人追求品质生活和创意美食的健康理念。活动先后在北京、上海、广州、深圳等城市进行海选和大区复赛，于9月底在北京完美谢幕，以北京和深圳两对选手并列第一，同获“地中海宠爱之旅双人豪华游”大奖进入高潮。

所谓地中海膳食，是泛指以橄榄油为核心，搭配蔬菜水果、鱼类、五谷杂粮和豆类为主的饮食方式，使地中海居民在心血管疾病、癌症和“三高”等方面的发病率远低于其他欧美国家。通过这次活动，欧丽薇兰让广大消费者认识到，橄榄油富含对人体有益的单不饱和脂肪酸，并且含有维生素 E 和多酚类等天然抗氧化剂，是地中海健康饮食的最大功臣。

2012 年 9 月，欧丽薇兰橄榄油成为中华小姐环球大赛的专用产品。欧丽薇兰与中华小姐环球大赛同步开通新浪“懂得选择欧丽薇兰”官方微博，火热招募粉丝。9 月 6 日开始系列有奖活动，包括赴香港现场观摩中华小姐环球大赛盛况、分享故事参与微电影计划等。欧丽薇兰携手 2012 中华小姐环球大赛，追寻“懂得选择”的人生智慧，见证“丰盛十年”的美丽传奇。

正是由于欧丽薇兰橄榄油在品牌上的着力打造，才使其在销量高速增长的同时，还能保持较高的零售价位。由于橄榄油市场处在高速发展的阶段，凭借低价进行快速贸易操作的手法还有较大的生存空间。但是，从长远来看，只有悉心打造品牌才能保证在橄榄油市场上占有稳固的地位。

第8章

Chapter 8

食用油行业，那些不能不说的事

一、2004年大豆价格风波始末

（一）国际市场

1996年，中国大豆年进口量只有110万吨。当时，中国调整了大豆贸易政策，对大豆进口进行配额管理，普通关税税率为180%，优惠税率为40%，配额内税率是3%。由于国内一些合资企业拥有独立进出口专营权，以至于实际一直执行3%的税率。受此影响，中国大豆进口于2000年突破1000万吨，成为世界头号大豆进口国。2001年12月11日，中国加入WTO，同时放弃了国营贸易企业进口比例及农产品特殊保障机制等权利，使得大豆进口量激增，到2003年，中国的大豆年进口量达到了2074万吨。

2003年秋天，美国大豆大面积减产，国际市场预言南美大豆也将大幅度减产。美国有报告称，中国豆粕需求将增长40%，大豆油增长60%，大豆增长25%。结果，国际市场大豆一直看涨。2004年初，美国大豆正在热销，而中国大豆供应基本告罄。

得知中国大豆采购代表团即将前往美国采购大豆，美国基金肆意拉高美盘价格。国外大豆出口商一方面在场内散布虚假需求信息，以放大需求效应；另一方面在卖出大豆的同时，会在CBOT（芝加哥商品交易所）市场买入套期保值，这对CBOT市场本身而言也是一股不小的买升力量。CBOT大豆期货价格从先前的约320美元/吨暴涨到391美元/吨。由于国内大豆加工能力的急剧扩张，导致了大豆需求的急剧膨胀。国内豆粕价格继续高涨，在压榨利润的驱动之下，油厂不想坐失良机，采购力度进一步加大，纷纷买入大豆远期合约。这样一来企业提高价位，使得2004年中国大部分进口订单的签约价格维持在相对较高的价位，接近4000元/吨，在中国采购代表团离去后，整个国际市场大豆价格随即暴跌。

然而，南美大豆后来并没有出现原来预期的大面积减产，和去年相比产量并未大幅下降。而且，北美大豆种植面积预计比去年增加 200 万英亩，美国的及时降雨使大豆播种进度加快，美国大豆增产的潜力很大。国际市场大豆价格出现大幅下滑，同时，散装货物的海洋运费出现大幅下跌，进一步推动了进口大豆价格下跌。

2004 年，国内实际市场大豆压榨需求只有 2800 万吨，远远低于 8000 万吨的压榨能力供给。国内压榨行业平均开工率只有 35%，为最近几年来的最低水平。春夏之交，国内“禽流感”的爆发打击了畜禽养殖业，直接影响了国内豆粕的消费量。国内大豆油在 2 月底达到最高价 7600 元/吨，豆粕在 4 月初达到最高价 3400 元/吨。5 月 12 日开始，CBOT 的美盘基金从多头市场撤离、大幅减仓，大豆期价剧跌。受此影响，国际大豆价格下跌近 25%，跌到 266 美元/吨。同时，国内油价和豆粕价下跌，大豆油报价 6900 元/吨，豆粕报价 3200 元/吨。

由于国内厂商和国际供货商签订的都是远期合约，以原来商定的价格为基础。同期进口大豆港口分销价格 3850 ~ 3900 元/吨，如果加工费用按 120 元/吨、资金成本按 20 元/吨计算，压榨油厂每加工 1 吨进口大豆就要亏损 213 元。11 月，大豆油最低跌到 5500 元/吨，豆粕最低跌到 2400 元/吨，国内压榨厂商的亏损也一步步扩大到 1105 元/吨左右。[①]

（二）国内市场

受当年宏观经济调控的影响，商业银行开始紧缩银根。大豆榨油企业原先进口大豆成本过高，按照现在的大豆油和豆粕的市场价格来看，亏损是必然的。对于银行来说，如果开出信用证，很可能出现坏账。这使很多榨油企业开不出信用证，资金链断裂，不少企业无力支付大豆货款而被迫违约，甚至连 100 万美元/船的“洗船”费用（以一定的费用把船货回售给供应商）都可能将一个榨油厂逼到破产。

4 月 18 日，厦门出入境检验检疫局在巴西大豆中发现包裹了种衣

---

① 计算公式分别为：5 月，豆油价格 6900 × 出油率 18% + 豆粕价格 3200 × 豆粕率 80% − 大豆价格 3875 − 加工及资金成本 140 = −213（元/吨）；11 月份，5500 × 18% + 2400 × 80% − 3875 − 140 = −1105（元/吨）。

剂的“红豆”。5月10日，国家质检总局下发通知，暂停4家大豆供应商向中国出口大豆，之后又对种衣剂大豆所涉及的23家境外供应商下了封杀令。6月11日，巴西政府发布法令，要求1公斤大豆只允许含1粒不明毒性的杂质，并向中国政府保证今后不会再发生种衣豆事件。6月21日，中巴大豆谈判结束，两国恢复大豆双边贸易。同时，国家质检总局解除禁令，中巴大豆事件帮助国内厂商暂时渡过了难关。

在全行业连续7个月亏损的情况下，5月16日，压榨能力占全国一半的16家中国最大的大豆压榨厂家在北京召开会议，要求国际大豆供应商降低大豆价格，并威胁将联手减少第二季度的进口到货量，并在下半年将大豆进口量减少50%，同时共享现有库存。5月20日，国际上最大的几家大豆供应商聚首北京，联合应付中国大豆压榨商的威胁，维护供应商的最大利益。在这次利益博弈后，国际大豆供应商大举收购或控制国内大豆压榨厂家，以达到确保向中国出口大豆渠道畅通的目的。

2004年食用油行业实现总利润3.7亿元，比效益最好的2003年锐减了18.2亿元。

（三）发生大豆价格风波的原因

2004年的大豆价格风波何以会发生？时下流传着一种阴谋论，认为是美国农业部等机构给出虚假的减产信息诱导中国油企大量采购、华尔街金融炒家操纵市场将中国油企套牢、ABCD四大跨国粮商顺势以收购中国破产油企收官……其实，市场竞争对于每一个参与者来说都是公正的。大豆是丰产还是歉收，谁都知道永远不可能有准确的预测。CBOT等期货市场谁都可以参与交易进行投机或套期保值，例如，在2004年的大豆价格风波中，中粮、九三等少数企业在大连商品交易所做了套期保值交易，就有效回避了大豆价格风波带来的风险。据中国粮油学会对2010年各企业年油料处理能力的统计，民营和国有企业占了72.7%，外资仅占27.3%，ABCD四大跨国粮商所占的份额就更加有限。所谓的阴谋论对于提高中国企业的市场竞争力没有益处。

2004 年的大豆价格风波，主要原因还是在于当时国内经济环境尚不能与国外市场环境完全接轨。入世以后，国家对大豆进口实行统一管理，大豆采购由原来不透明变为透明，容易成为国际炒家的猎物。对于原料依赖进口的油厂，面临国际、国内两个市场的波动风险，利用期货工具对冲进口原材料价格风险，以控制成本、锁定产品利润作为至关重要的事情。

但是，在 2006 年以前，大连商品交易所品种不配套，进口豆持仓小，套保头寸多了没有对手、少了没法转移风险。大连商品交易所当时只有大豆 1 号、2 号和豆粕期货，大豆油期货至 2006 年才上市交易。外资或者合资企业可以通过其境外公司在 CBOT 进行套期保值，但多数企业并不属于国家规定的 26 家可以从事境外期货的大型国企，无法借道境外规避风险。近年来，市场环境逐步改善，企业的管理水平、国际贸易经验及风险意识都在提高，2004 年大豆价格风波那样的危机已成为历史。但是，回顾往事，仍然可以给我国食用油企业未来的健康发展提供有益的借鉴。

二、中盛粮油的曲折之路

随着中国对大豆进口的放开，1995 ~ 2007 年，大豆进口量由 80 万吨迅速增长到 3082 万吨，2004 年以前是中国沿海油脂加工厂家发展的黄金期。中盛粮油生逢其时，于 2001 年进入中国市场，获利颇丰。2002 ~ 2004 年，每年赢利分别是 0.7 亿港币、1.2 亿港币、1.2 亿港币。中盛粮油连年追加投资，扩大生产规模，2004 年达到 46 亿港币的销售额顶峰。在这一年，中盛粮油卖了 46 万吨的豆油和 26 万吨的棕榈油，分别占豆油和棕榈油全国市场的 7% 和 9%，它的客户名单中包括了金龙鱼、福临门、海狮等中国小包装食用油市场上最大的品牌。

2004 年，由于大豆价格风波，多数压榨油厂损失惨重，整个行业的利润不足 4 亿元，只有上一年度的 17%，只做精炼业务的中盛粮油逃过此劫。2005 年，中盛粮油在国内大豆油跌价上损失 1.58 亿港币，在期货市场上损失0.55亿港币。[①] 双重亏损让中盛粮油遭遇重创，使其经营状况急转直下。2005年，中盛粮油希望开拓葵花籽油市场，上半年销售了830万港币的葵花籽油，并在下半年推出“好食荟”和“天天乐道”两个小包装食用油品牌，这些措施并未取得良好效果。2006年年末资不抵债，权益总额为-0.6亿港币。中盛粮油被迫转型，将中盛天津、中盛镇江卖掉，完全退出了其经营8年之久的华北食用油精炼业务，集中发展小包装食用油业务。

大概受转型期业务整合的影响，2007年中盛粮油的小包装食用油销量仅有6000吨，销售额5300万港币，每吨亏损307港币，亏损总额2百万港币。2008年上半年，小包装食用油业务销售额仅7000万港币，毛利不足457万港元。7月22日，中盛粮油将中盛食用油以4200万元的价格转让给了天津龙威。中盛粮油更名为“中国贵金属”，从此彻底退出食用油行业，转做金矿开发。

没想到，被中盛粮油卖掉的中盛天津，还出现了涉案金额高达10亿元的“中国粮油第一案”，由此揭露了中国粮油行业鲜为人知的一面。中国经济的快速发展极受金融市场不发达之累，民间借贷非常兴盛，基于利率差，放高利贷给中小企业成为有利可图的事情。而资金量大、周转快、信用好、有存货抵押的粮油厂家则成了从国有银行搞钱出来的融资工具，成为民间借贷资金链中的重要一环。2008年，受房价崩盘之累，房地产公司无法还钱给地下钱庄，地下钱庄无法还钱给粮油厂家，这是发生“中国粮油第一案”的大背景。

王伟在2007年5月以3200万元的低价购买了中盛天津，原本就是想把它作为短期融资工具的。他的操作模式可以简要表述为：以进口棕

---

① 中盛粮油2005年年报对期货市场亏损的解释：“自今年2月中旬开始，国际市场出现了一个鲜见的诱导因素——指数基金参予并介入国际农产品的期货市场，其中芝加哥商品交易所（CBOT）开始迅速拉高国际农产品期价，唯此阶段中国市场仍受国内供需的影响，未能紧随国际市场这一突发而且难以控制的剧变，最终使得国内的价格与国际价格在此阶段发生背离。尽管本集团在年内按过去严谨遵守风险管理程序，在CBOT之大豆和大豆油期货合约中对冲，致力抑制原材料价格波动的风险。然而，此类对冲安排在2005年2月至4月期间，于中国国内的成品大豆油之现货价格与CBOT大豆油期货价格严重背弛的情况下暂时失去对冲效用，导致本集团的风险管理及对冲机制在此罕见的形势中失效。”

榈油为名，以支付1%代理费的代价向其他企业借用3个月的信用证贷款额度，由其他企业开具信用证，并指定将进口油运送存放至中盛天津，然后在半个月内以低价迅速转卖套现资金。而后将套现所得资金进行不超过两个月的短期放贷，收取高额利息。但民间融资链条的收紧，使王伟的高利贷出现大量坏账，不足以偿付信用证贷款，只好通过盗卖代存的棕榈油周转资金。2008年6月，盗卖事发，王伟本人在7月25日被公安机关抓获。

食用油业务不仅可以作为融资工具，还可以用来给上市公司做业绩包装。笔者就曾听说某公司欲上市，无奈企业规模不够大，就想通过食用油贸易把业绩迅速做大。食用油业务规模大、周转快，确实不失为短期内提升销售额的好办法。中盛粮油的兴衰，可以视作中国食用油行业的一个缩影。

三、中国为什么不对美国大豆征收报复性关税

2009年9月11日，美国总统奥巴马通过发言人宣布，同意对中国输美轮胎采取特保措施，在未来3年内征收25%～35%的特别关税。9月15日，中国商务部新闻发言人表示，中国对美部分汽车、肉鸡产品发起贸易救济立案审查程序，估计将对美国汽车和肉鸡加征的关税金额与中国轮胎被加征的关税金额一致。有报道评论，中国并不想与美国发生贸易战，否则，中国就应该对美国大豆征收报复性关税。众所周知，大豆才是美国对中国影响最大的出口产品。可是，中国为什么不对美国大豆征收报复性关税呢?

美国大豆汹涌而来，东北大豆节节败退。2009年国储收购了几百万吨东北大豆，结果却面临着多方面的问题：仓储与资金压力巨大、东北本地油厂停产、进口大豆抢占东北大豆退出的市场……要知道，东北大豆困局的由来正是自WTO放开关税而始。如果能对美国大豆加征关税，一切问题都可迎刃而解。而奥巴马宣布要对中国轮胎加税，给中国政府一个极好的加征大豆关税的机会。中国政府为什么不利用这个机

会呢?

我认为，在物价与东北大豆两者上，中国政府更看重物价。

豆油占中国食用油消费40%以上的份额。东北大豆大概只占中国榨油大豆总量的10%左右。如果中国政府对美国大豆加征关税，东北大豆远远不能弥补进口大豆的缺口，这势必导致豆油和豆粕的价格大幅上涨，带动其他食用油品种及猪肉的价格上涨，食用油和猪肉价格上涨将直接提升中国的物价指数。

从这件事上可以清楚地看出中国政府的矛盾心理。这也是为什么三农问题、粮食安全问题喊得轰天响，中国从国外进口的大豆却连年增加的原因。许多人对此忧心忡忡，认为中国的粮食安全堪忧，中国应该采取措施减少大豆进口，殊不知，大洋彼岸也在发出类似的声音。近年来，来自中国的农产品的竞争压力越来越大，已经使美国的果菜农户不堪重负。生存压力终于促使他们破天荒地联合起来，游说国会，以求联邦政府提供补贴。

少为国人所知的是，中国的农产品出口变得越来越强大。2004年，美国《远东经济评论》称中国农民撼动了世界市场。在中国的大片沿海地区，传统的粮食种植地逐渐让位给果园和蔬菜大棚。中国的耕地只占全球的7%，但是在保证粮食自给的前提下，中国的瓜菜产量现在已经占到全球的一半，是印度的6倍、美国的12倍。和1995年相比，中国的粮食耕种面积减少了10%，但是蔬菜种植面积激增了89%，水果种植面积增长了16%。美国人厨房里的支柱食品，如大蒜、西兰花、生菜、草莓等，都是由中国农民提供的。

其实，中国的大豆问题和美国的果蔬问题都由于一个根源：国际化的农业分工。中国在需要大量耕地、大量投资、机械化作业的传统粮食作物上不占优势，除了大豆，中国的小麦进口也在大幅增长，大米和玉米的出口持续下降。但中国在劳动密集型、高附加值的果蔬和水产品上则有很强的竞争力。农产品市场的地球板块发生了剧烈移动，变成以劳动力为导向，而不是以耕地为导向，发达国家的果蔬业如果没有国家补贴，根本不可能与发展中国家竞争。

2009 年，中国的大豆进口虽然仍在大量增加，进口总额大概是 400 多亿美元。但是中国农产品的贸易逆差却只有 130 亿美元，而且和 2008 年相比还下降了 29%。也就是说，中国的农产品出口足以弥补 75% 的进口。而且，国际化的农业分工整体上来说对中国是有利的，中国可以节约耕地，赚取更高的附加值。所以说，从国际化分工的角度来看，中国也不应该限制大豆进口。

四、从中国制造业的困境看食用油资源控制

（一）世界经济格局变迁

历史上，制造业相对于资源业一直拥有优势地位，这几乎伴随着人类社会现代文明从诞生到成长的整个时期。西方文明的成长是以工业化为经济基础的，自工业化开始，西方国家就凭借其建立在工业基础上的强大实力，对广大殖民地进行原料掠夺和经济剥削。由此形成发达国家的制造业越来越强、发展中国家供应资源的单一经济越来越具有依赖性的不平等的国际经济秩序。这一世界经济格局在 20 世纪中期发生了历史性的转变。

从 20 世纪 60 年代开始，人类社会进入了一个制造业产品过剩的年代。与此同时，资源业却在上升。

一方面，由于全球人口的快速增长和人均消费需求的极大提升，资源短缺越来越明显。从能源、农产品到矿产品，甚至是原本看来没有经济价值的水资源，都面临着严重的短缺问题。

另一方面，资源业的组织能力开始超越制造业。从能源、农产品到矿产品，各种资源的生产和销售的效率得到极大提高。由于资源业有很强的规模效应，其产品同质化程度高，整合兼并的动力大且阻力小，资源业的集中度要高于制造业，这已经是一个不争的事实。例如，石油的出口国可以组成 OPEC，控制石油价格，石油的进口国对此只能被动地接受。在中国，供应石油产品的企业只有中石油、中石化和中海油等少

数几家，消费石油产品的企业却数不胜数，价格自然控制在石油巨头手中。美洲的农产品之所以在国际市场上有很大的优势，除了生产成本优势外，关键还在于：在农业协会和跨国公司的整合之下，原本分散、弱小的农场主如今也有形成了严密的组织，并拥有了比制造业更强大的谈判能力。

如何应对这一世界性的经济格局变迁？**西方国家主要采取两种方法：产业升级和控制资源业。**

西方国家的经济重心由以制造业为代表的第二产业转移到以金融服务业为代表的第三产业。例如英国，2005 年，金融服务企业贡献了全英国公司税收的1/4，占全国企业利润的1/5，金融服务出口创下了230亿英镑的顺差。对于制造业，西方国家只控制产业链的两端：研发和销售。在研发上掌握大量的专利技术，在销售上兴起以品牌为核心的营销管理。在研发和销售之间的生产环节，则向劳动力低廉、生产成本低的国家转移。资源业的崛起并不等于说供应资源的发展中国家能够坐享其成，相反，跨国公司凭借巨额的资本、对交易过程的控制和对世界经济秩序的掌控，将资源的生产和销售过程控制在自己手中，并从中赚取大部分的利益。“巴西用大豆、中国用大豆、美国决定大豆价格”，这句话形象地描述了发达国家控制资源业的现实经济格局。

（二）中国食用油行业需要走出去

中国是全世界最大的大豆买家，采购量占了大豆国际贸易交易量的1/3，但中国食用油行业却无法控制大豆的价格。中国的食用油企业只注重加工环节，未控制产业链前端的研发与后端的营销环节。中国食用油行业对进口油料的依赖度太大，达到中国食用油总消费量的60% 以上。食用油资源业的集中度远高于制造业，国际大豆贸易控制在少数几个跨国公司手中，而压榨进口大豆的国内企业则有几百家。钢铁行业因为对上游资源掌控不力才在价格谈判中吃了大亏，食用油行业在这一方面基本上没有作为。

日本不存在大豆危机，日本人口密度更大，可供农业种植的土地更少。日本根本就不种植大豆，不像中国还有东北这个大豆种植的黄金地带。那么，有大量大豆进口需求的日本是怎么解决大豆问题的？日本的做法很简单。早在 20 世纪 80 年代，日本就在南美购买了自己的大豆专用码头，方便从南美直接采购大豆，避免了跨国粮商中间环节的操纵与盘剥。只有直接掌控大豆行业的最上游，把握大豆资源的源头，才能不被别人牵着鼻子走。

对上游资源的掌控能力是一个国家未来实力的重要体现。中国经济快速增长，对上游能源、原材料的需求与日俱增，迫使企业跑遍世界上每个角落寻找资源。例如，2005 年中国五矿集团公司以近 60 亿美元收购世界上最大的镍和锌矿业公司——加拿大矿业巨头诺兰达。2006 年中海油以 185 亿美元参加对美国第九大石油公司优尼科的竞购。钢铁企业也不例外，2002 年宝钢与哈默斯利合资组建开发西澳帕拉伯杜地区铁矿项目，合资规模为年产 1000 万吨成品矿。2006 年 12 月 19 日，国家发改委核准中钢集团 2 亿美元收购南非萨曼科铬业 50% 的股权。

我们看到，为了保证自己的经济利益，资源业要投资制造业、制造业也要投资资源业，这是跨国投资中的常见现象。国际大豆贸易商投资中国食用油行业不值得大惊小怪，让人奇怪的倒是中国的食用油企业为什么还没有走出去？中国食用油企业需要具备国际性的视野、走出国门、建立海外大豆种植基地或通过参股、合资等方式参与国际大豆贸易，这样才能保证可靠的廉价油料供应来源。同时，重视研发和销售，占据产业链上利润丰厚的两端。金融行业应给民营油企更多的支持，促进大规模的产业整合，通过优胜劣汰提高产业的集中度。只有这样，才能真正保证中国食用油企业和中国消费者的利益。

五、生物燃料冲击波

“过去几千年，玉米都是用来喂养人类和牲口的，但是现在开始要喂养汽车和机器了。”某投资公司总经理的这句话道出了生物燃料对人类生活的深刻改变，食用油行业也卷入其中。

生物燃料又称生物能源，包括生物柴油和生物乙醇，泛指由生物质组成或萃取的固体、液体或气体燃料，可以替代由石油制取的汽油和柴油，是可再生能源开发利用的重要方向。生物柴油是利用植物油脂、动物油脂或者是上述油脂精练后的下脚料——皂脚或称油泥，或者是城市潲水油，又或者是各种油炸食品的废油处理后，与有关化工原料复合而成，能够与国家标准柴油一样混合或者单独用于汽车及机械。世界各国生产生物柴油所用的原料不同，美国使用大豆、欧洲使用油菜籽、马来西亚使用棕榈油和椰子油籽，印度使用非食用植物油。生物乙醇是玉米、蔗糖、谷物外壳、小麦秸秆等农业残余物通过发酵生产出来的乙醇。各国生产乙醇的原料不同，美国主要用玉米，巴西用蔗糖。

生物燃料市场正处于快速发展期。美国的生物乙醇生产量已超过巴西，预计2020年，生物燃料要占欧盟能源消耗的10%。美国的目标是在2017年用生物燃料替代15%的石油消耗。依据美国派克研究公司2011年10月发布的报告，目前全球生物燃料总产值为827亿美元，预计未来10年内将翻一番，达到1833亿美元。

生物燃料市场兴旺的原因包括以下几点。

（1）世界石油等化石燃料供应短缺，国际石油价格居高不下，天然气和其他能源价格上扬。据估计，当原油价格每桶达到60～70美元时，利用油脂生产生物柴油就有利可图，目前，世界原油价格每桶已超过100美元。

（2）世界环境污染日益严重，环保法规日益完善，温室气体减排的呼声越来越高。在这种背景下，对大气污染小的生物燃料备受青睐。

（3）能源短缺将形成能源危机，危及对能源进口依赖严重的国家的安全，美国、日本、中国等能源大国都不得不备加关注生物燃料。

（4）世界各国普遍对生物燃料提供税收及其他优惠政策，提高了生物燃料的价格竞争能力。

生物燃料的发展“吃掉”了大量的粮食。全球粮食储备已从2010年的1.75亿吨下降到2012年的1亿吨，但生物燃料每年都要“吃掉”1.5亿吨的粮食。2012年7月，世界粮食价格指数比去年同期上升了

6%，超过 2011 年 2 月的峰值 1 个百分点。生物燃料对食用油行业的影响主要包括以下几个方面。

（1）将植物油用于生产生物柴油，生物柴油的增长会使大豆、菜籽和棕榈油的供应短缺、价格上扬。目前，东南亚 30% 的棕榈油、全球 20% 的豆油和 20% 的菜籽油，都被用来生产生物柴油。其中，欧盟 65% 的菜籽油、美国 22% 的豆油被加工成生物柴油。

（2）玉米是用来生产生物乙醇的重要用料，而玉米油是玉米深加工的副产品，部分来自生产乙醇的副产品。乙醇生产量的提高会增加玉米油的供应，使玉米油价格下降、扩大市场。巴西 50% 的甘蔗产量用于生产生物燃料；美国玉米在 2000 年只有 6% 的产量用于生产乙醇，2006 年这个比例增至 20%，2011 年达到 40%。据估计，在未来 2 ~ 3 年内，全美一半的玉米都将用于生产乙醇。玉米供不应求导致价格节节攀升并且出口量大幅减少。为此，美国玉米油的产量将持续增加，其增幅将高于近年平均 4.4% 的水平，年增长量超过 4 万吨，对国际油脂市场将产生一定的影响。

在中国，为了保障粮食供应安全，国家限制用玉米等粮食作物生产生物燃料，鼓励利用木薯、秸杆、能源林木、回收废弃动植物油生产生物柴油。生物燃料对我国食用油行业的主要影响是进口油料和进口油脂的价格。2011 年，欧美债务危机深化，为了应对不可持续的国家和地区债务，发达经济体纷纷实施财政紧缩政策，对相关生物能源的补贴也被取消。如美国对玉米生产生物乙醇的财政补贴已于 2011 年年底被取消，美国 2010 年 12 月出台的生物柴油税收减免政策在 2012 年也被取消。全球豆油去能源化将减少豆油的工业和能源需求，石油价格对豆油的拉动作用减弱。不过，随着石油资源的逐渐减少，一些油脂油料的生产出口大国，发展生物柴油的步伐将不断加快，油脂油料资源将更加短缺，市场价格也将难以平稳。

六、食用油与转基因无关

（一）转基因的争议

作为食用油行业的从业人士，我经常会遇到朋友询问：转基因食用油到底有没有问题以及与此相类似的问题。我的回答通常是：转基因食用油是用转基因原料生产出来的食用油，成品食用油中并不含转基因成分，转基因成分作为蛋白质都留在粕里了。所以，不管转基因有没有问题，都与食用油没有关系。转基因食用油与非转基因食用油没有区别。

所谓基因，是生物体的遗传功能单位，存在于生物体的蛋白质中。油脂作为一种能量物质，只负责为生物体提供能量，不具有遗传功能。

已获商业推广的转基因技术有许多种，如抗软化、耐运输的蕃茄等。与粮油产品相关的主要有以下两大类。

第一类是插入BT基因，获得抗虫性状，主要用于水稻、棉花和玉米。BT基因来自苏云金蚜孢杆菌，它是一种能够产生杀虫晶体蛋白的常见土壤细菌。

第二类是插入一种农杆菌片断，以获得抗除草剂性状，主要用于大豆和油菜籽。

目前，引发健康争议的主要是第一类转基因。BT蛋白原本就是作为一种农药被广泛使用的，在使用这种农药的过程中，人体要做好一定的防护措施，因为它对人体有一定的伤害。当这种BT蛋白被植入水稻和玉米中，使得这些农作物能够避免昆虫的伤害，但是，BT蛋白也可能危及人体的健康。广西等地区种下转基因玉米之后，老鼠绝迹、母猪流产之类的传说都是转基因玉米对哺乳动物有毒的例证。而且，水稻和一小部分玉米是作为人类的主食而存在的。如果转基因水稻或转基因玉米具有毒性，那就会直接威胁人类的健康。美国人的食谱中，转基因食物占较大的比重，以2007年为例，仅仅转基因玉米就占美国食品的7.1%。

第二类转基因的目的是为了保护大豆和油菜籽不被除草剂杀灭，不具有类似BT蛋白那样能杀灭害虫的毒性。转基因大豆或油菜籽经过油厂的加工，将植物油与含转基因成分的豆粕或油菜粕分离。含转基因成分的豆粕或油菜粕主要当作饲料喂养禽畜。中国进口大豆最多的是2010年，进口了5480万吨的大豆。按照80%的比例能产出4384万吨的豆粕。猪的料肉比为4：1，4384万吨的豆粕可产出1096万吨猪肉，中国人平均每人每天吃50.8g猪肉，1096万吨猪肉可以供应6亿人一年食用的。

中国进口转基因大豆和油菜籽已经有十多年的历史了。也就是说，转基因大豆和转基因油菜籽这么多年、这么大范围的食用，还不曾听说有禽畜或人类吃出毛病的消息，这与刚开始种植就传出大量动物异常现象的转基因玉米有明显的差异。所以，我可以得出一个谨慎的结论：具备抗除草剂功能的转基因大豆和油菜籽，相比具备杀虫功能的转基因水稻和玉米来说，应该是安全的。

近年来，转基因水稻和转基因玉米在中国被悄悄商业化种植的传闻引起消费者的强烈抗议，以转基因原料生产出来的豆油和菜籽油属于“躺着中枪”，也被批判了。消费者并不了解转基因农产品分为有毒（抗虫）和相对无毒（抗除草剂）两大类，也不了解食用油不含转基因成分，以及含转基因成分的粕作为饲料在中国应用已经有很长时间和很广的范围。其实，即使是食用油行业的内部人士，大部分人也对转基因食用油不甚了解。所以，才会有食用油企业摇旗呐喊，发出“转基因无害、转基因是政府支持的”之类的口号，反而越辩越不清楚、越辩越引起消费者疑虑。

（二）转基因技术有待商榷

虽然，所谓的“转基因食用油”并不含转基因成分，即使是含转基因成分的豆粕或油菜粕也不对禽畜或人体造成威胁，但是，基于下列理由，笔者认为转基因技术的发展值得商榷。

（1）转基因作物毕竟是非自然的产物，违反了生态平衡规律。种植抗虫转基因棉花、水稻和玉米以后，BT 蛋白并不能对所有的害虫都有效，它只能抗鳞翅目昆虫，如棉蛉虫、玉米螟等害虫。种植转基因水稻、棉花和玉米后，抗鳞翅目昆虫是变少了，但其他一些原本次要的害虫却变成了主要的害虫。另外，时间一长，抗鳞翅目昆虫也会慢慢获得抗 BT 蛋白的能力。农民不得不使用更多的农药，这使种植转基因水稻、棉花和玉米就能减少农药使用量的初衷破灭。种植抗除草剂的大豆和油菜籽以后，田间会慢慢长出一些任何除草剂也杀不了的超级杂草，迫使农民加大除草刈的用量，加大对自然环境的伤害。

（2）转基因技术本身并不能保证农产品高产。前面说过，种子植入转基因的目的只有两个，抗虫或者抗除草剂，与种子本身的品质无关。转基因技术需要寻找品质优良的种子植入基因，它只能间接帮助农作物提高产量。如通过免费派种来迅速推进良种的传播，通过减少农药和抗除草剂的用量节约农民的人力和资金投入（只能维持短期效果），而且，有数据表明，转基因技术其实很可能会降低种子的高产品质。

（3）转基因技术并不能解决人类的粮食问题。相反，它很可能加剧了人类的粮食危机。孟山都、杜邦等公司开发转基因技术，其实是为了打通产业链，获得超额利润。孟山都、杜邦原本都是做化工产品出身的，它们发展转基因技术，目的是为了推广与转基因种子配套的农药和除草剂。产业链打通以后，它们可以把转基因种子免费发给农民，再通过农药和除草剂把钱赚回来。这样一来，一般的只做种子或者只做农药除草剂的公司是无法与之竞争的。在消灭竞争对手之后，孟山都、杜邦等公司就可以提高转基因种子、农药或除草剂的价格，把农民逼入绝境，而且，农民发现，一块土地种了转基因农作物以后，就种不了别的农作物了，农民别无选择，只能被提供转基因种子的公司剥削。由于全球化中一些公司的垄断经营，利润向控制转基因技术的公司集中，人类的粮食危机只会越来越严重。

（4）转基因技术使得孟山都、杜邦等公司在种子上获得了各种专利，垄断种子供应市场。农民甚至失去了千百年来自己留存种子的权利，由于转基因技术的发展，在全球范围内，许多农产品越来越单一，以至于需要在北极地区建设全球种子库来防止许多种子灭绝。农作物种类的单一性会大大降低农作物抗自然灾害的能力，人类的生存因此将面临极大的威胁。

为了应对转基因技术的威胁，需要消费者、企业和政府三方的共同努力。消费者和企业是弱势群体，比如目前市面上，鲁花非转基因菜籽油零售价为90元/5升左右，而转基因菜籽油一般不高于70元/5升。消费者很难多花20元购买非转基因菜籽油。对企业来说，以九三油脂为例，2005年，九三油脂沿海的大连和天津两个厂通过压榨进口大豆赚了8000万元，而位于黑龙江的五个压榨国产大豆的工厂则亏了6000万元，不受利润引导的企业是难以长期经营下去的。只有政府才有能力通过财政补贴等手段引导国产非转基因农产品的发展，抵御转基因技术的入侵。如果都像某地方政府一样，片面追求GDP的增长，与孟山都联手大力推广几千万亩转基因玉米的种植，那么中国的粮食安全永远不可能得到保障。在粮食问题上，一定不能讲市场经济，只能靠政府主导。

七、油脂浸出工艺的发展与争议

（一）油脂浸出工艺的发展

如今，可能没有几个人知道吉林省蛟河市植物油厂。在中国，上规模的植物油加工企业有上千个，蛟河市植物油厂根本排不上号。但是，这家油厂也曾经有过辉煌时期。它是中国人自己建设的第一座平转式大豆浸出试验厂，开创了中国食用油行业应用浸出工艺的先河。

浸出法制油，是指选用符合国家相关标准的溶剂，利用油脂与溶剂的互溶性质，经溶剂与处理过的固体油料中的油脂接触，将其萃取溶解出来，然后用严格的工艺和设备，脱除油脂中溶剂的一种先进、科学的制油方法。浸出法制油工艺的理论依据是萃取原理，萃取原理在食品工业、医药行业有着广泛应用。

新中国刚成立时油脂工业非常落后，除了沿海沿江的大城市有较大的机械榨油厂外，大部分地区都是靠人力生产的土榨油坊，当时管油脂工业的是地方工业部食品局。1954 年，在局长李益三的组织下，从大连油脂工业总厂、上海油脂一厂和安徽省工业厅等单位抽调人马，准备筹建浸出试点厂。在曾守中工程师的带领下，设计组确定采用连续式、平转型的浸出器。1955 年 7 月，在吉林省蛟河市开展试点厂的建设工作。

早在 1856 年，法国人迪斯就发明了溶剂浸出的方法。在 1870 年前后，德国人在莱茵河工业带相继建立了罐组式油脂浸出工厂。德国人波尔曼在 1919 年设计的第一台连续式浸出器，于 1937 年在美国建成投产。由于科学的迅猛发展，国外油脂工业早已走向集约化、规模化。而在中国，当时仅在大连有一家日本人建造的油脂浸出厂——日清油脂。中国油脂工业技术落后，让这些参与试点厂建设的人员无时无刻不感到肩上负担的沉重。

大连日清油脂所用的溶剂为苯。考虑到苯对人体有毒害作用，虽然经过脱臭处理（当时的脱臭条件也仅仅是脱溶而已）8 小时，但还是要对此郑重考虑。过祥鳌参照了国外，特别是美国用六碳链烷烃类化合物（已烷）作为植物油脂溶剂的做法，与其他在场科技人员一道决定，以六碳链烷烃类化合物（已烷）为主要浸出溶剂，并将之命名为六号溶剂油（俗称六号轻汽油）。六号浸出溶剂油在我国油脂工业中的应用和推广，减少油厂在浸出溶剂上的成本，有效合理地利用已有的资源，在减少环境污染的基础上创造出巨大的经济效益。六号溶剂油至今仍是我国油脂浸出工业的主要溶剂。

1956 年 6 月，我国第一座平转式大豆浸出试验厂——蛟河市植物油厂正式投产，标志着我国油脂工业开始了一个新纪元，中国人从此拥有了自己的浸出油厂。“浸出制油法”被国家列入“六五”期间全国 40 项重大科技成果推广项目计划。20 世纪 70 年代，全国油料产区都在推广浸出工艺，国营油厂的加工油料已有 75% 经过浸出器处理，增产了大量油脂，技术面貌有了彻底的改变。到了 2004 年，全国油脂浸出产能突破了8400万吨大关，浸出油脂产能占油脂加工能力的90%以上；浸出油产量约达1100万吨，占油脂总产量的80%以上。

（二）油脂浸出工艺的争议

中国现代油脂工业的先驱们，李益三、曾守中和过祥鳌等人怎么也不会想到，当年他们为了改变中国油脂工业的落后局面而研制和引进的先进浸出工艺，在半个世纪以后的今天，居然被扣上了“不健康、不安全”的帽子！

2002年5月28日至29日，食用植物油国家标准审定会在山东烟台召开，专家们最终形成了一致意见：将压榨与浸出工艺列入新的国家标准，对两种工艺的质量差异做了严格的说明，并强制性要求企业将产品制作工艺（压榨或浸出）在销售产品的标识上注明。

2004年10月1日，在我国市场上销售的大豆油、花生油等食用油产品开始执行新的国家标准，明确标出加工工艺、原料的原产地等。油脂专家指出，此种做法是为了维护消费者知情权。然而某花生油油厂却在各地报纸发出消息：相比浸出法，压榨法制油最大优点是安全、卫生、无污染，绝对没有任何溶剂残留，保证产品的原汁原味。食用油行业由此出现了“压榨油比浸出油更健康”的观点。一时间，超市中、电视里、报纸上，“压榨油更健康”的说法接踵而至。根据这种观点，压榨油是用物理机械方法生产，可以保证人体健康不受损害；浸出油则是加入化学溶剂生产出来的，有安全隐患问题。许多商家也往往这样告诉消费者：“压榨油是绿色纯天然食品，最健康；而浸出油是用化学法提炼的，残留化学溶剂，不安全。”

事实上，“压榨油比浸出油健康”的观点是没有科学依据的。不同的制油工艺采用不同的机械设备，但制油原料都先经油料清理机械清除杂质，并用各种类型的油料剥壳机剥去外壳并使壳仁分离，然后用轧胚机压制成胚料。用浸出法时，将胚料浸在溶剂中把油浸出，经过滤、蒸发和汽提等设备使油与溶剂分离，溶剂回收后可反复使用。用压榨法时，将胚料放在蒸炒锅内炒熟后，送入螺旋榨油机或液压榨油机内挤压出油。

一般来说，高含油油料采用预榨浸出法，如油菜籽等；低含油油料采用直接浸出法，如大豆等；而某些油料中可产生特殊风味的油脂，为保持其产品不失去原有的风味，多采取压榨法，如芝麻油、花生油等。与压榨法相比，浸出法残油少，充分利用了油料资源，出油率高，价格也便宜。不过，不管采取什么工艺，得到的油都是毛油，毛油不可以直接食用，必须经过水洗、碱洗、脱酸、脱色、脱臭等工艺，使之成为颜色较浅、澄清的精制油，达到各级油品的标准才能上市销售。

相对来说，浸出法是较压榨法更先进的食用油脂生产工艺。用压榨法从大豆中提取豆油，会有4%~15%的豆油残留在加工后的豆饼中，用浸出法则只有1%的豆油残留。除了油料资源得以充分利用外，浸出法还具有加工成本低、生产条件好、粕的质量高等优点。在我国，80%以上的食用油厂家都采用浸出法，只有不到20%的食用油厂家采用压榨工艺。当今的工业发达国家，用浸出工艺生产的油脂，占油脂生产总量的90%以上，物美价廉的浸出油占据了食用油市场的主体。

对此，中国粮油学会油脂分会的专家指出："一些厂商和销售人员，在竞争中采取了不合理的方式和不择手段的办法竞争，在宣传自己产品时贬低他人的产品，说什么浸出法制取的油有毒，宣称压榨油产品质量要高于浸出油产品等等。这些错误的做法和说法，严重误导了消费者，也阻碍了油脂行业的健康发展。"2006年5月29日，王瑞元会长发表言论："说浸出不好是厂家不正当竞争的结果"。2006年6月7日，国家标准委员会委员薛雅琳更是提出："说压榨更健康是无知的炒作。"

食用油的生产工艺风波，不过是近年来不断掀起的各种食品安全标准纷争的一个小案例。近年来发生的方便面油炸和非油炸之争，啤酒甲醛等风波，已经不是商家所谓的善意的忠告，而是打击竞争对手的手段，人们对食品安全的关注成为一些商家市场竞争的筹码。有食品安全标准争议的行业，无一不是产能过剩、竞争激烈的行业。当正面交锋难以获得市场认同时，就会用一些旁门左道的方法打击对手。一些媒体在有意无意之中充当某些利益团体的代言人，这些不实报道不但影响了我国食品工业的声誉，而且在一定程度上人为制造食品安全恐慌。

八、远离反式脂肪酸

（一）反式脂肪酸的危害

2006 年，金龙鱼葵花籽油在和香港迪士尼乐园谈品牌合作推广活动时，迪士尼方面曾过问金龙鱼葵花籽油是否含反式脂肪酸。同一年度，金龙鱼申请成为 2008 年北京奥运会粮油食品供应商，也被问过反式脂肪酸含量的问题。在当时，国内对反式脂肪酸的认知还几近空白。不要说普通消费者，连许多食用油营销人员都对反式脂肪酸一无所知，由此可以看出国外对这个问题的重视程度。

什么是反式脂肪酸？在油脂的化学结构中，脂肪酸的氢原子分布在不饱和键的同侧，称作顺式脂肪酸；一般植物油的脂肪酸均属于顺式脂肪酸。反之，氢原子在不饱和键的两侧，称作反式脂肪酸，反式脂肪酸又称反式脂肪或逆态脂肪酸。

根据反式脂肪酸的来源，可分为天然的和加工过程中生成的反式脂肪酸两大类。

第一类存在于天然油脂中。当不饱和脂肪酸被反刍动物消化时，脂肪酸在动物瘤胃中被细菌部分氢化。反刍动物脂肪及其乳脂中的反式脂肪酸含量约占总脂肪的 1%～10%。牛奶、羊奶约 3%～5%，反刍动物体脂约 4%～11%。牛羊肉、牛油和牛奶及其制品都是人类的重要食品组成，天然存在的反式脂肪酸对人体基本无害。

第二类来源于植物油的加工过程。植物油在高温条件下会生成一定的反式脂肪酸。例如，在不当的高温烹调、煎炸等烹饪过程中易生成一定量反式脂肪酸，其生成量与油脂品种、烹饪条件有关。所以要避免炒菜时大火长时间烧油或者用油高温反复多次煎炸。在油脂深度精炼过程中，主要是高温脱臭工序，也会产生少量的反式脂肪酸，其含量一般为总脂肪酸的 1%～5%。但在改进脱臭设备，控制脱臭温度和时间后，我国精炼食用油中反式脂肪酸的含量已经控制在2%的安全范围内。

对人类健康影响最大的反式脂肪酸来源是氢化植物油产品，反式脂肪酸含量为14.2%～34.3%。起酥油含7.3%～31.7%，硬质黄油含1.6%～23.1%。为增加货架期和产品稳定性而添加氢化油的产品中都可以发现反式脂肪酸。常见含反式脂肪酸的加工食品有：珍珠奶茶、薯条、薯片、爆米花、蛋黄派或草莓派、大部分饼干、方便面、泡芙、薄脆饼、油酥饼、麻花、蛋黄派、巧克力、沙拉酱、奶油蛋糕、奶油面包、冰淇淋、咖啡伴侣或速溶咖啡。据报道：目前市面的珍珠奶茶多是用奶精、色素、香精和木薯粉（指奶茶中的珍珠）及自来水制成，而奶精的主要成分氢化植物油，是一种反式脂肪酸。专家指出：一杯500ml的珍珠奶茶中反式脂肪酸含量已超出正常人体承受极限，饮用者易患心血管疾病。

“氢化”是20世纪初发明的食品工业技术。美国宝洁公司于1911年开始推广第一个完全由植物油制造的半固态酥油产品。氢化植物油与普通植物油相比更加稳定，呈固体状态，可以使食品外观更好看，口感松软，增加产品货架期和稳定食品风味。在20世纪早期，人们认为植物油比动物油更健康，用便宜而且“健康”的氢化植物油代替动物油脂在当时被认为是一种进步。第二次世界大战期间，黄油供应限量，用氢化植物油制成的人造黄油受到欧美主妇的欢迎。战后，氢化植物油的销量更是持续上升。

20世纪80年代以后，欧美国家发现长期使用反式脂肪酸会改变人体正常代谢途径。反式脂肪酸由于是非天然的成分，所以很难被人体适应，摄入后会出现各种不适反应。反式脂肪酸大量进入人类食物的历史，正好与欧美国家的心脏病发病率增长过程吻合。1990年荷兰的一项研究证明，反式脂肪酸会增加人体血液中的“坏胆固醇”即低密度脂蛋白含量、降低“好胆固醇”即高密度脂蛋白含量，从而使动脉硬化、增加血液粘稠度、显著增加心血管疾病风险，还会导致一系列不饱和脂肪酸缺乏所引发的疾病。它引发心血管疾病的概率是饱和脂肪酸的3～5倍，这引起了全球科学界的高度重视。

此后的研究又进一步证实反式脂肪酸会引发其他众多疾病。在美国这样的西方发达国家，每 8 位妇女就有一位在其一生中会患上乳腺癌。中国乳腺癌发病率虽比西方国家低，但发病率每年上升 3%，是增长速度最快的国家之一。在上海、北京、天津等大城市，乳腺癌已经排在女性恶性肿瘤的第一位。其中，上海的乳腺癌发病率接近美国的一半，高居中国各大城市之首。而且，中国女性乳腺癌的发病年龄比西方女性要早。

乳腺癌在发达国家或地区的爆发式增长，与城市女性日常多吃反式脂肪酸含量高的食物有很大关系。一般来说，口感松软、香甜、脆滑，口味独特的含油（植物奶油、人造黄油）或奶状食物，都可能使用了氢化植物油并含有反式脂肪酸。反式脂肪酸会减少男性荷尔蒙的分泌，对精子的活跃性产生负面影响，中断精子在身体内的反应过程。反式脂肪酸会通过胎盘转运给胎儿，使婴幼儿被动摄入反式脂肪酸，比成人更容易患上必需脂肪缺乏症并对中枢神经系统的发育产生不良影响，干扰婴儿的生长发育。反式脂肪酸不易被消化，容易在腹部积累，导致肥胖症。反式脂肪酸还会增大患糖尿病的概率，导致老年痴呆。

（二）针对反式脂肪酸的举措

在认识到反式脂肪酸的危害之后，世界卫生组织和联合国粮农组织在《膳食营养与慢性疾病》（2003 年版）中建议："为了增进心血管健康，应该尽量控制膳食中的反式脂肪酸，最大摄取量不超过总能量的 1%。"这个最大摄取量大约是每天 2 克，而一份炸薯条的反式脂肪酸含量大约是 5 克。各国政府都积极行动起来控制食物中的反式脂肪酸。2003 年，丹麦发布政府规定，从 2007 年 6 月 1 日起，凡是反式脂肪酸含量超过 2% 的油脂不能用于食品加工。美国、加拿大、韩国、日本、巴西和欧洲各国均提醒消费者要减少反式脂肪酸的摄入，同时要求食品厂商将人造脂肪的含量在营养标签上标明。加拿大和荷兰、瑞典、德国等欧洲国家还同时出台了食品中反式脂肪酸的限量。

可以看出，目前世界上对于反式脂肪酸的管理思路有两种：一种是通过源头管理，严格控制氢化油的生产，控制油脂中不利于健康的成分含量，从而降低其对国民健康的潜在危害；另一种是要求食品包装上标注反式脂肪酸的含量，提醒消费者食用这种食品可能对身体健康造成的危害，在保证消费者知情权的基础上让其做出理性的消费选择。

2005 年，美国一个推动禁用反式脂肪酸的非营利组织控告卡夫食品，要求该公司在奥利奥饼干中停用反式脂肪酸。卡夫食品同意寻求替代反式脂肪酸的材料后，该组织撤销控诉。2006 年，华盛顿的非营利组织“公众利益科学中心”控告肯德基在其食物烹调过程中使用反式脂肪酸。肯德基于 2006 年宣布，2007 年 4 月前会将该餐厅美国连锁店使用的反式脂肪酸替换成大豆油，其加拿大连锁餐厅也宣布了类似的措施。面对“公众利益科学中心”于 2007 年 5 月的控告，汉堡王宣布自 2008 年底起在美国各分店改用非反式脂肪酸。

中国相关政府部门也提高了对反式脂肪酸的关注度。2011 年卫生部发布的《中国居民膳食指南》全新修订版中，单列一节提醒消费者远离反式脂肪酸。文章指出：由于膳食模式不同，我国居民膳食中反式脂肪酸目前摄入量远低于欧美等国家，膳食中反式脂肪酸提供能量的比例未超过总能量的 2% 的水平，尚不足以达到对机体产生危害的程度，但也应尽可能少吃富含氢化油脂的食物。

2011 年 10 月 12 日，中国卫生部发布了编号为 GB28050 – 2011 的国家标准《食品安全国家标准预包装食品营养标签通则》，其中“强制标示内容”的 4.4 条款规定：“食品配料含有或生产过程中使用了氢化和（或）部分氢化油脂时，在营养成分表中还应标示出反式脂肪（酸）的含量。”另外在附录 D.4.2 条款规定：“每天摄入反式脂肪酸不应超过 2.2g，过多摄入有害健康。反式脂肪酸摄入量应少于每日总能量的 1%，过多有害健康。过多摄入反式脂肪酸可使血液胆固醇增高，从而增加心血管疾病发生的危险。”该国家标准将于 2013 年 1 月 1 日起正式施行。

（三）中国人的反式脂肪酸摄入量到底有多少

2008年，江南大学食品科学与技术国家重点实验室调研我国居民反式脂肪酸人均日摄入量为1.06g（农村人均0.92g/天，城市人均1.44g/天），占日摄入总能量的0.42%。南昌大学食品科学与技术国家重点实验室统计三餐中（不包括糕点等）反式脂肪酸的人均日摄入量为0.6~1.0g。我们也可以做个简单的估算：2011年中国人食用油2480万吨左右，按2%的反式脂肪酸比例是45万吨，加上10万吨的氢化油，一共是55万吨。55万吨除以13.4亿人口得出平均每人每天1.1克，与江南大学的调研数据基本一致。总体上，中国居民反式脂肪酸的摄入量低于西方国家，但不排除部分经济发达地区或特殊人群（尤其是城市白领和青少年儿童）中存在反式脂肪酸摄入过高的情况。

对中国的食用油企业来说，虽然法规尚未要求在标签上明示反式脂肪酸的含量，但是不能不重视这个问题。一个四口之家，平均一个月可消费一桶5L装的食用油。如果按照欧洲国家规定的5%限量，每人每天平均从食用油中摄入1.9g的反式脂肪酸，接近食品安全国家标准要求的每天2.2克的限量。考虑到城市居民平日还会消费大量的含氢化植物油的食品，这个标准是很容易超越的。如果按照丹麦规定的2%限量，每人每天平均从食用油中摄入0.77g的反式脂肪酸，可以说，2%的限量是比较符合人体健康要求的。

2009年1月，国家粮食局科学研究院调查了我国204个有代表性的烹调用大宗植物油中反式脂肪酸含量，数据显示，80%以上油品中反式脂肪酸含量低于2%，几乎100%油品的反式脂肪酸含量低于5%。2009年3月，江南大学食品科学与技术国家重点实验室调查我国26家大中型油厂的一级大豆油产品，平均反式脂肪酸含量为1.47%，77%的样品反式脂肪酸含量低于2%，最高的一个样品为3.42%。2010年，南昌大学食品科学与技术国家重点实验室测定6大类常用食用油的反式脂肪酸含量，结果全部在2%以内，最高仅为0.95%。

可以说，目前中国多数食用油厂家所生产的食用油是符合2%的反式脂肪酸限量要求的，但部分生产设备或工艺相对落后的厂家生产的食用油落在2%～5%的限量范围中。据笔者了解，食用油中的反式脂肪酸含量与精炼脱臭工艺的温度和时间有关。脱臭温度在255℃以下和脱臭时间在40分钟以下，食用油中反式脂肪酸的形成速度缓慢，相对含量低。脱臭温度在255℃以上和脱臭时间在40分钟以上，食用油中反式脂肪酸的形成速度快，含量相对较高。生产设备和工艺较好的工厂一般都能将脱臭温度控制在250℃以下。

在中国各食用油厂家中，在反式脂肪酸问题上进行营销宣传的企业很少。例如，鲁花宣称其花生油采用纯物理压榨工艺，不添加任何化学溶剂，同时也不需要高温精炼，反式脂肪酸的安全标准已经超越美国国家标准（不超过2%）。2011年，大满贯推出了第一款以反式脂肪酸低含量为卖点的调和油产品；2012年，美食客推出了宣传实现零反式脂肪酸的优益多大豆油。

案例18：大满贯轻脂调和油“性感”上市

2011年，在福建市场看到大满贯新上市的轻脂调和油产品。本来，轻脂调和油最重要的卖点是“反式脂肪酸含量<1%”。大家知道，反式脂肪酸对人体有较大的害处，西方国家对于反式脂肪酸相当敏感，中国刚刚开始对它有些重视。一般来说，食用油的反式脂肪酸含量在2%～3%左右。如果大满贯的这个产品确实能做到低于1%，可以说是一个不错的卖点，可以引起消费者的关注。在食品安全上对反式脂肪酸概念做一些炒作，容易产生成效。这应该是中国第一款反式脂肪酸概念的食用油产品。

可惜，这个产品的推广思路很失败。它打的是“轻脂”的概念，“轻脂”的意思有些模糊不清，好像在暗示说它是低脂肪含量产品，吃了能让人减轻体重。在它的广告片中，宣传的也是一个女人在展示她的轻盈身材。广告语是“大满贯轻脂调和油，创新轻脂技术，家人健康体态，让身体享轻福”。意思含糊不清，没有把什么是“轻脂技术”讲清楚。片中虽然出现有“反式脂肪酸含量<1%”的字样，但是没有和广告画面、广告话术有效联系起来。反式脂肪酸含量低应该是与血脂健康什么的有直接关系，和减肥的关系远了点，整个广告和食品的安全概念南辕北辙。

本来，像这类健康概念的新产品，较好的推广方式是报纸软文和公关炒作。从网络搜索来看，大满贯轻脂调和油根本就没有做过新闻或软文，只是做了些电视广告。短短15秒的电视广告很难把一个新的健康概念讲清楚，更何况，食用油是关系国计民生的产品，老百姓看重的是实际利益。食用油毕竟是天天要吃到肚子里的东西，不是时尚的服装或美容产品，性感在这里很不给力。如图8－1所示。

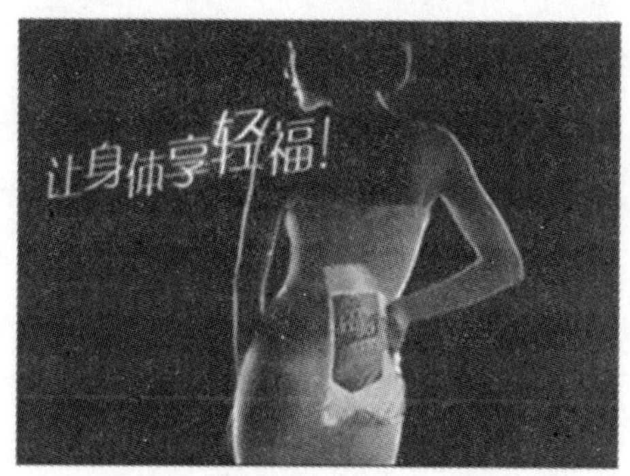

图8－1　大满贯轻脂调和油广告

博瑞森管理丛书

	书名及作者	内容简介
1	《让管理回归简单》升级版 宋新宇著	宋博士针对企业中最棘手、最现实的管理问题,为管理提出简单易行的解决方案
2	《让经营回归简单》 宋新宇著	宋博士告诉你经营的秘诀,帮你迅速突破增长的瓶颈
3	《让用人回归简单》 宋新宇著	宋博士帮助中小企业的管理者找到适合自己企业的用人之道
4	《卖轮子:选择最佳营销方式》 【美】杰夫·科克斯等著	本书是一本特好玩的营销启蒙书,写的是古埃及的一对夫妇和他们的四个销售员一起把石头轮子卖到全国各地赚了大笔钱的神奇经历
5	《涨价也能卖到翻》 【日】村松达夫著	让每个顾客在你的产品上、在你的店里掏出更多的钱,让你的东西涨价也能卖到翻
6	《中层领导力》 【韩】崔秉权等著	帮助中层管理者认清自身管理上的不足,快速提升领导力,更好地激发团队工作热情,实现下属、自身、企业的多赢
7	《边干边学做老板》 黄中强著	本书将作者在公司经营、管理中的经验教训全盘托出,介绍了做老板必须注意的86个要害
8	《学话术　卖产品》 张小虎著	分析常见的顾客异议,提出破解方案,将复杂的销售程序化,将优秀的话术模块化,让普通导购员也能成为销售精英
9	《为什么你的公司没长大》 田友龙著	本书将小老板的众生相在笔端刻画得淋漓尽致,更值得小老板们反复思量
10	《产品炼金术》 史贤龙著	告诉你打造畅销品的新思维与好方法
11	《营销破局八大策略》 崔自三著	本书为企业在营销过程中各个层面的问题给出了精细、系统的解决方案,旨在帮助企业走出营销困局
12	《白酒营销的第一本书》 唐江华著	国内第1部白酒营销实战指导图书! 帮你打开白酒营销大门!
13	《用流程解放管理者》 张国祥著	国内第1部针对企业的流程管理实战图书！实现流程管理从无到有、从有到全
14	《传统行业如何用网络拿订单》 张进著	国内第1部针对中小企业的网络实战指导图书! 作者以自己10多年的网络营销经验和研究积累为基础,为你带来最具实战性的建议
15	《公司的浪费是如何产生的》 刘孝明著	作者针对企业里各种浪费现象并结合现实场景,直指造成浪费的根源,提示管理者及时堵住各类漏洞
16	《中小企业如何建品牌》 梁小平著	国内第1部中小企业建品牌操作实务型图书! 作者结合丰富的品牌咨询经验和亲身指导案例,分四步指导企业自建品牌

续表

	书名及作者	内容简介
17	《成为优秀的快消品区域经理》伯建新著	掌控市场+内部管理+常见误区+工具箱+自我提升，37个“怎么办”全面系统分析区域经理的工作关键点
18	《一位销售经理的工作心得》蒋军著	专为销售管理者而著的实战指导图书。从实际出发，作者用自己的亲身经历给予读者来自管理一线的经验
19	《7个转变，让公司3年胜出》李蓓著	以变应变，变中超越。本书为力图求变但又不想成为先烈的管理者指明了方向：从“企业估值”、“业务模式”、“营销”、“生产制造”、“客户服务”、“用户黏性”到“组织管理”，7个转变让公司3年胜出
20	《用数字解放营销人》黄润霖著	从营销中的各个问题出发，教会读者如何运用“营销的数字技术”，并能够运用公式和真实可见的数据来赢得市场和管理团队
21	《乳业营销第1书》侯军伟著	乳业营销的第1本书！从区域性乳品企业的实际情况出发，捕捉到他们最大的特点和现实中存在的关键问题，梳理出一条清晰的脉络，并提出了明确的解决方法
22	《公司由小到大要过哪些坎》卢强著	展示企业在试错阶段、突围阶段、转型阶段分别会遇到的具体问题，分析了企业的成功基因在各个阶段分别发挥的作用
23	《食用油营销第1书》余盛著	从食用油的概况入手，小包装食用油的营销常识、品牌战略、营销方法，以及细分品类分类营销手段
2013年2月后即将出版		
24	《跳出同质思维，从跟随到领先》郭剑著	变革时代企业成长的核心逻辑在于模式创新，模式创新的本质是企业全员特别是企业家的思维创新
25	《顺势而为做管理》周剑著	立足中国本土实践，针对民营中小企业的独特的人力资源问题提出了一个系统、实用的新理论，从实际出发，帮助中小企业重新认识和解决企业中人的问题
26	《麻烦就是需求，难题就是商机》卢根鑫著	通过从顾客身上不断发掘客户真正强烈的价值需求，选择合适的产品载体，帮你挖掘出市场真实需要的商机
27	《医改下的医药营销升级》史立臣著	本书立足最新医改政策的解读，提供丰富的本土企业实践案例，为民营医药企业指明方向，提供变革之路以及具体的方法措施

边干边学做老板
——一个小公司的日常管理

这是一个小公司老板写的关于公司日常管理实践的书，还未出版就在天涯论坛“管理前线版”阅读40余万次！

本书将作者在公司经营、管理中的经验教训全盘托出，介绍了做老板必须注意的86个要害。对广大企业经营管理者有着巨大的借鉴价值。

卖轮子
——选择最佳营销方式

这是一本特好玩的营销启蒙书,没有枯燥的概念、没有抽象的案例,有的只是古埃及的一对夫妇和他们的四个销售员一起把石头轮子卖到全国各地赚了大笔钱的神奇经历。

你不必期待用这本书解决你关于营销的所有疑惑,但你一定能享受一次妙趣横生的阅读之旅。我敢打赌,这一定是第一本你能够一口气读完的营销书。

用流程解放管理者

国内第1部针对企业的流程管理实战图书!

作者20年专注流程管理及咨询实践,向你介绍:流程管理对中小企业的价值、流程分析、流程设计、流程优化与流程再造、项目体验、观察与思考、流程设计图实例这7大板块。

7个转变,让公司3年胜出

环境正在改变,扩大生产规模、压低单价的“灵丹妙药”不再有效,即使在经典价值链上拥有一席之地,也不一定能分到一块蛋糕。

以变应变,变中超越。本书为力图求变、但又不想成为先烈的管理者,指明了方向:从“企业估值”“业务模式”“营销”“生产制造”“客户服务”“用户黏性”到“组织管理”,7个转变,让公司3年胜出!

宋博士简单管理系列

宋博士简单管理系列

《让管理回归简单——宋新宇博士帮你抓住管理的要害》(2012 升级版)：宋新宇博士针对企业中最棘手、最现实的管理问题，从六个方面，即目标、组织、决策、授权、人才、老板自己，为管理者提出简单易行的解决方案。这些方法立竿见影，帮你抓住管理的要害，让管理变得简单。

《让经营回归简单——宋新宇博士帮你突破增长的瓶颈》：让经营回归简单就是让自己(老板)、战略、客户、产品、成长和学习简单。宋博士告诉你经营的秘诀，帮你迅速突破增长的瓶颈。读完这本书，你将会明白：为什么最容易做的是第一比利润更重要的是什么

为什么要裁减客户如何在一个弱势行业增长

如何做到让客户主动来找你做老板的不易之处在哪里

如何避免老板常犯的 37 个错误如何把企业做大

为什么家族企业也可以做大最好的顾问在哪里

《让用人回归简单——宋新宇博士帮你解决用人难题》："得人才者得天下，得人心者得人才"，认清和顺应当今人才管理的八大趋势，运用正确的人才管理办法，才能立于不败之地。

宋新宇博士在本书中从"用人的原则、用人的难题与误区、用人的方法、用人者的修炼"四大方面给中小企业的管理者们指导，帮助他们找到适合自己企业的用人之道。

博瑞森管理丛书
征稿启事

当中国和中国企业崛起成为全球共识,本土管理咨询、管理研究与创新正随之兴起。

谁是中国企业最信任、最渴求的管理专家?

何种管理思想、方法更适合当下中国企业?

博瑞森图书联合国内诸多管理专家、专业媒体、出版社向本土管理咨询师、企业管理者、管理研究者征稿！希望通过“博瑞森图书”这一本土管理图书的出版平台,为广大管理专家提供研究、创新成果展示机会,让更多有利于中国企业崛起的好思想、好方法迸发出来,为企业助力,为中国加油！

无论您目前是否已有待出版的内容,只要您认为自己的思想符合我们的出版方向、标准,请您与我们联系,将您的个人简介、或博客链接、或文章等相关个人资料发送到:bookgood@126.com.我们将会协助您策划图书选题方向、整理内容资料、制定写作计划,并按照商业化出版模式出版、发行、推广您的作品。我们在为读者寻找好内容、出版好书,所以**特别说明:此活动绝非“自费出书”,不向作者收取任何成本、费用。**

其他联系方式:010-84645015 qq:1963328416

博瑞森图书已出版图书示例:《让管理回归简单》、《让经营回归简单》、《让用人回归简单》、《中层领导力》、《涨价也能买到翻》、《用流程解放管理者》、《边干边学做老板》、《卖轮子》(获2010年和讯年度图书奖)、《交易心理分析》(获2011年度上海“第一财经日报”投资图书奖)。